ネットメディア時代のナビゲーター

新聞新生

北村　肇

現代人文社

新聞新生

ネットメディア時代のナビゲーター

はじめに

二一世紀は、「新聞」が最も光り輝く時代になるはずだ。

世迷いごとではない。新聞社在職三〇年、退職して六年、元新聞記者、現職週刊誌編集長の私には、はっきりと見える。インターネット社会だからこそ、新聞は、存在感を増すのである。第二章で詳しく触れるが、テレビとは異なり、インターネットとは親和性がある。そして、ジャーナリズムとしての「力量」は、あらゆる意味で新聞が圧倒的な優位を誇る。ならば、新聞はインターネット社会の一部、それも主要な部分を「占拠」できるはずだ。

ところが――。

現実には、新聞はインターネットに対して次のような態度をとっている。

「インターネットに入ってくるのは〝2ちゃんねらー〟のような人間で、相手にする必要がない」

「どうせ、紙媒体はインターネットに駆逐される」

一方でインターネットを小馬鹿にしながら、一方で必要以上に恐れているのである。言うまでもなく、いずれの態度も生産的ではないし、理性的でもない。本書は新聞がなぜ堕落したかを検証したうえで、どうすれば新聞が「メディアの王」の座に戻り、維持できるかについて考察したい。繰り返しになるが、それは実現可能なことである。もちろん、そのためにはいくつかの条件が必要になる。ただし、決して超えられない条件ではない。

新聞新生
ネットメディア時代のナビゲーター＊目次

新聞新生
ネットメディア時代のナビゲーター＊目次

新聞新生

ネットメディア時代のナビゲーター＊目次

第1章

事実

――ビジネスモデルは崩壊している

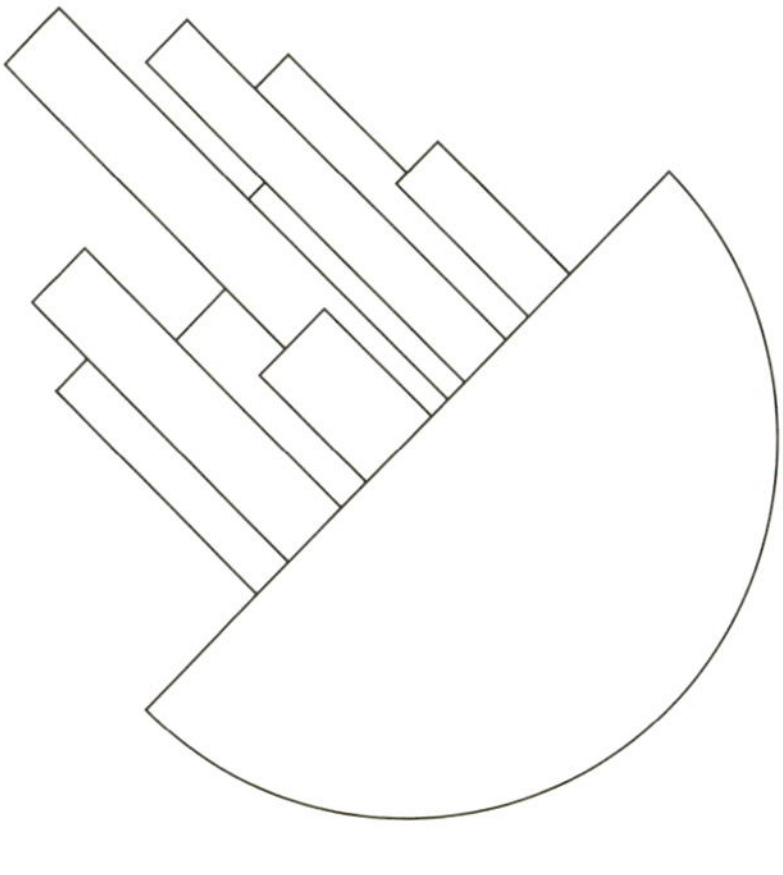

「ペンよりもパン」

二〇一〇年早々、ショックなできごとがあった。新聞業界の苦境が次々と報じられたことではない。新聞労連（日本新聞労働組合連合会、加盟単組八五、組織人員約二万六〇〇〇人）の「新聞労連大賞」への応募が七件しかなかったのだ。この賞について簡単に説明すると、私が新聞労連委員長時代の一九九六年、優れた企画・記事を顕彰する目的でつくった。新聞記者（通信社記者を含む）が目指す最高の賞としては「新聞協会賞」がある。だが、その実態はかなり政治的な思惑がからみ、真に優れた記事が選ばれないケースが目立っていた。そこで、新聞労連独自の賞を立ち上げることにしたのだ。

現場記者の関心も徐々に強まり、毎年、応募数も二〇件前後はあった。現在の審査員はルポライターの鎌田慧氏、元朝日新聞社会部長の柴田鉄治氏、元共同通信論説副委員長の藤田博司氏、それに私の四人である。毎年一二月に応募を締め切り、一月に審査をしていた。〇六年からは、主として若手記者を対象にした「疋田桂一郎賞」が加わり、力の入ったルポも増え、作品を読むのが楽しみだった。それが二〇〇九年度の応募作品が一〇件にも満たなかったというわけだ。

審査員の間で「なぜか」が議論になった。

「政権交代があり、仕事に追いまくられたのか」という声もあったが、私はこう持論を述べた。

「新聞の危機が叫ばれる中、経営だけではなく、編集現場でも『ジャーナリズムどころではない』という雰囲気が強まっているのではないか。だとすれば、極めて深刻な事態だ」

決して根拠のない推測ではない。新聞記者をやめてからも時折、毎日新聞に限らず現場記者と懇談する機会がある。以前は、「報道姿勢がおかしい」など、ジャーナリズムのありようについて意見を交わすことが多かった。ところが二年ほどまえから状況が変わった。

「○○新聞が経営危機らしい」「ウチの社でも広告が大きく前年割れして大変だ」「紙媒体がだめになったら新聞はどうなるのか」……。

誰と話していても、テーマが「経営危機」にいってしまうのだ。私自身、ついその話に乗ってしまうことになる。仕事を別として、個人的には、まっとうなジャーナリストである記者としか酒は飲まない。その彼ら、彼女らの口からまず先に「ネット時代にどう生き残るのか」といった不安が出てくる。これまでならありえないことだった。

私の発言を受け、豊秀一新聞労連委員長（朝日新聞労組出身）がこう話した。

「新聞労連の中でも、『ビジネスモデルを考える勉強会を開いてほしい』という声がよく出る。『ペンよりパン』という雰囲気だ」

豊氏は数少ない「良心的記者」の一人である。たとえば、憲法九条については「絶対に守るべきだ」の姿勢で論陣を張ってきた。だからこそ、このような現状に苦々しい思いを抱いているのだろう。表情に委員長としての苦悩が感じ取れた。

労連大賞の件にこだわったのは、新聞労連は新聞ジャーナリズムを守る最大の「砦」だからだ。組合であるから賃上げ闘争がメインになるのは当然。しかし、一方で常に「ジャーナリズムの再生」「ジャーナリズムの復権」を掲げ、行動してきた。労連大賞のできた一九九六年には「新聞人の良心宣言」を策定、全国の新聞記者向けに発信した。その前文を紹介する。

ジャーナリズムがかつてない危機に直面している。マルチメディア時代をにらんで大資本によるメディア関連産業への参入が進む中で、古い歴史を持ち、権力の監視や自由で公正な社会の実現に向けてもっとも大きな役割を果たしてきた新聞の現状を、新聞に携わる私たち新聞人は憂うべき状況と認識している。

紙面の内容、記者のモラルなどがたびたび批判され、市民の信頼を損ない、読者離れを引き起こしているからだ。権力監視を怠り、戦争という悲劇を招いたかつての苦い経験を踏まえ、改善の努力はしてきたものの、それは十分ではなかった。私たちは、市民の信頼や支持を失った新聞が権力や大資本の介入を招きやすいことを知っており、それを何よりも懸念している。

新聞が本来の役割を果たし、再び市民の信頼を回復するためには、新聞が常に市民の側に立ち、間違ったことは間違ったと反省し、自浄できる能力を具えなくてはならない。このため、私たちは、自らの行動指針となる倫理綱領を作成した。他を監視し批判することが職業の新聞人の倫理は、社会の最高水準でなければならない。

私たちはこの倫理綱領を「新聞人の良心」としてここに宣言し、これを守るためにあらゆる努力をすることを誓う。


新聞労連の姿勢がおわかりいただけると思う。労連はまた、「ジャーナリスト・トレーニング・センター」という、若手記者育成を目的とした学習会を設けている。こうした一連の活動は本来なら新聞協会が行うべきだ。だが、同協会は「業界団体」に堕しており、いきおい、新聞労連が新聞ジャーナリズムの「砦」とならざるをえないのだ。

その新聞労連でさえ「ビジネスモデルの崩壊」に強い関心と危機感をもつ――このことがまさに現在の新聞業界の実態を象徴的に示している。

部数・広告の大幅な減少

確かに新聞産業はすでに破綻している。

部数も広告も減る一方のうえ、回復の見込みは全くない。長い間、堅固に維持されてきたビジネスモデルが崩れたのは間違いないと言えよう。それは過去一〇年間のデータからも明らかだ。

日本新聞協会によれば、二〇〇九年の新聞の総発行部数は約五〇三五万部で前年を約一一三万部も下回った。特に、朝刊と夕刊のセット部数が約一四七二万部と、前年比で九九万部近く減少している。

一九九九年の発行部数は合計で五三七五万部強であった。それが徐々に部数を減らし、二〇〇三年に五二八七万部となるも翌年には五三〇二万部までいったんは盛り返す。しかし、その後は減少に歯止めがかからず、一〇年前に比べて三四〇万部の激減ぶりだ。

一世帯当たり部数を見ると、九九年は一・一五部だったが、〇八年に初めて一部を割る〇・九八部となった。〇九年は、これがさらに〇・九五部に落ち込んだ。

部数だけではない。広告の落ち込みも激しい。電通の調査によると、〇九年の広告費の総額は五兆九二二二億円で、前年に比べ一一・五％減。これは過去最大のマイナス幅（「2009日本の広告費」電通）だという。なかでも、〇九年の新聞業界の広告収入は六七三九億円で、前年に比べて一八・六％の減少となっている。二割近くの収入が吹き飛んでしまったのである。

さらに新聞業界にとって衝撃的だったのは、広告費でインターネットに追い抜かれたことだ。〇七年に約六〇〇〇億円、翌年には七〇〇〇億円に迫るほど伸び率が大きかったインターネットの広告費も〇九年は一・二％の微増にすぎなかった。だが、新聞の落ち込みが激しすぎたため、とうとう逆転されたのである。

ほんの数年前のことだ。電通のある局長と話す機会があった際、彼は「インターネットがどんなに進展しても、当面、新聞を抜くことはないだろうし、まして広告媒体としてのテレビの地位は揺るがない」と言い切った。そのテレビでさえ、〇九年には前年比で一九五〇億円もの大幅な落ち込みを見せている。インターネットがテレビを追い越すのは、予想よりもはるかに近い将来だろう。ましてや新聞とインターネット広告費の差は、今後、広がる一方と予測される。

自らの首を絞めた詐欺的商法

かつて「電通」社内の花形は新聞局であった。同局の局長は一番社長に近いとも言われた。メディアの中でも新聞は特別扱いで、時には、電通社員が自ら企業に頼んで新聞に広告を出してもらうくらいであった。だが、一九七〇年代前半、テレビ広告が新聞を逆転し、以降、その差は開く一方だった。それでも、「格」としては依然として新聞がテレビの優位に立っていたのである。

だからこそ、企業も新聞業界の「詐欺的商法」を見て見ぬふりしてきた。いわゆる「押し紙」問題だ。ある販売店に新聞社から配送される新聞が毎日五〇〇〇部あったとする。このうち家庭に配達されるのは三〇〇〇部で、残りの二〇〇〇部は廃棄処分となる。これが「押し紙」である。新聞社の公称発行部数には押し紙も含まれている。

この問題を徹底追及しているジャーナリストの黒薮哲哉氏によると、読売新聞社の「押し紙」率は三〇％から四〇％という。その実態を単行本や週刊誌に書いたところ、読売新聞から訴えられた。二〇〇九年のことだ。結果は黒薮氏の勝訴に終わった。

そもそも「押し紙」があることは、自明の理である。八〇年代には国会でも取り上げられている。しかし、未だに、読売だけではなく、他の新聞社も認めていない。なぜなら、新聞社は収益の約半分を広告で得ており、発行部数が多いほど段数あたりの広告料を高く設定できるからだ。

また、大半の販売店主も廃棄処分にするしかない「押し紙」を受け入れてきた。部数が多いほど折り込みチラシが増え、それが販売店の収入になるのだ。

企業は広告の費用対効果を計る基準として、それぞれの新聞の部数を参考にする。この数字がいい加減とあっては本来、正常な取引などできないはずだ。押し紙が表面化すれば、場合によっては、株主訴訟を起こされても仕方がない。だが、実態を知っていながら企業もまた目をつむってきた。「電通さんがいいのなら、うちも構わない」という態度だったのだ。

しかし、一九九九年末、電通がビデオリサーチを事実上買収（「株式会社ビデオリサーチインタラクティブ」を共同設立し、筆頭株主となる。主な事業内容は、インターネット広告関連）したことで事態が動く。

同社はテレビの視聴率調査を専門とする会社で、新聞業界とは直接、関係がなかった。当時、私は毎日新聞社長室で経営企画的な仕事をしていたが、「いよいよ電通は視聴率問題に取り組むのだろう」とみていた。「押し紙」同様、あるいはそれ以上に、視聴率は問題をはらんでいた。テレビCMの料金は視聴率によって決まるが、正確性にかなり疑問が持たれていたのだ。へたをすると詐欺的商法に結びつきかねず、電通としてもいずれは手をつけざるをえない大問題だった。

時期は前後するが、二〇〇三年一〇月には、視聴率の暗部が浮き彫りになる事件が発覚した。いわゆる「日テレ視聴率買収事件」である。日本テレビのプロデューサーが、ビデオリサーチのモニター世帯を買収し、自分の番組の視聴率が高いように見せかけようとした。この問題について第三者機関である「放送倫理・番組向上機構（BPO）」の清水英夫理事長（当時）は「視聴率が営業（収益）に直結している放送業界の構造的な問題」であると指摘した。広告を出稿する企業とメディアを結びつける立場の電通は、自ら視聴率の透明性を高めざるをえなかったのだ。

だが、ことはテレビ視聴率問題にとどまらなかった。ビデオリサーチが大規模な新聞購読調査（〇二年三月二五日に全国新聞総合調査〈第一回〉報告書「J－READ」を発行）を行ったのだ。明らかに「押し紙」問題に取り組むという電通の姿勢をうかがわせるものだった。

毎日新聞社内にはそれこそ衝撃が走った。ことは実部数が表面化するだけではない。この調査により地域ごとの現状がはっきりする。となれば、「首都圏で売れていない毎日新聞」という現実が露呈してしまうことになるのだ。

かりにも経営数字の見られる立場にいた者として具体的な数字をあげるのは差し控えたい（そもそも、重要書類はすべて会社に置いてきたのでうろ覚えの記憶しかない）。ただ一点だけ明らかにすれば、首都圏の実質的シェアが「根拠ある数字」として表面化すれば、大企業は朝日、読売、日経にしか広告を出稿しなくなる。それが現実だった。

そんなある日、電通で調査結果のレビューが行われた。社長室員を中心に約一〇人が参加した。詳細は避けるが、予想していた以上に毎日にとっては厳しい結果だった。

当然、険悪な雰囲気の中でのやりとりになった。

「電通は毎日新聞を潰す気か」

「そんなこと、あるはずがない」

怒号も飛び交った。

この数字をみた企業は堂々と毎日に広告料のダンピングを迫るだろう――私は慄然としながら説明を聞いていたが、実際はさらに過酷だった。それでなくとも業績悪化に悩む企業は、ダンピング要請どころか広告出稿そのものを取りやめたのだ。

ことは毎日新聞にとどまらなかった。業界トップの朝日、経営安定を誇ってきた日経をはじめ、すべての新聞社が徐々に広告収入を減らしていった。ビデオリサーチの調査により、「押し紙」をカウントしない実部数が浮き彫りになったことで、広告出稿企業がそれを盾に強気の姿勢をとり始めたのは必然だった。

これは新聞業界だけではなくテレビにもあてはまる。「思っていたより読まれていない新聞、見られていないテレビ」からこぞって企業は逃げ出したのだ。それから約一〇年、いまや、多くの企業がマスコミへの広告出稿より、自社のホームページに力を注入している。新聞社の二大収益源である「購読料」「広告料」とも激減しているのだから、新聞各社の業績が右肩下がりになるのは不思議でも何でもない。

「大本営広告」

報道によれば、朝日新聞は〇九年九月の中間連結決算では、売上高が前年比で一三・七％減の約二三二八億円。前年同期に五億円だった営業赤字は四三億円に、純損益も三六億円の赤字となった。また、日経の〇九年一二月期連結決算は、前期に一六九億円の黒字だった営業利益が三七億円の赤字となった。純損益も同様で、四八億円の黒字が一三二億円の赤字へと転落した。初めての赤字決算である。売上高は前年比で一三・一％減の三一五四億円だった。

日経は他の全国紙に比べ、堅調な経営を誇ってきた。経済ニュースへのニーズが高まっていたこともあるが、自前の販売店が少ないことも寄与していた。その分、販売経費がかからないからだ。その日経でさえ、ついに赤字転落したのだ。

こうした業界全体の収益悪化に対し、新聞協会はとんでもない勇み足をした。

二〇一〇年三月二九日朝刊で加盟七八紙が一斉に〝官製〟広告を掲載した。同協会が進める「日本を元気にする」キャンペーンの特別企画と銘打った国土交通省の広告ページだ。内容は住宅エコポイントのピーアールで、前原誠司・国土交通相の顔写真と決意の弁が載っている。

広告状況の悪化により、各新聞社ともかなり広告料金をダンピングしている。業界紙関係者がこんなことを話していた。

「(ダンピングしてこなかった)朝日も最近は値下げしている。『これなら、また新聞に広告を出してもいいかな』という企業があるほどだ」

一方、省庁の広告は基本的に定価通りで、新聞社にとっては一番〝おいしい〟広告である。このため、各社の広告局は何とか政府の広告をとろうと必死だ。そのことを全否定する気はない。しかし〝一斉に〟となると話は全く別である。一歩間違えれば、大本営発表報道につながりかねないからだ。

この国土交通省広告は新聞協会が主導したものだが、二〇〇七年には、電通、共同通信、地方紙四七紙、最高裁が「四位一体」となって裁判員制度推進のためのパブ広告(通常の記事と似た体裁の広告)を掲載していたことが明らかになった。元共同通信記者でジャーナリストの魚住昭氏が暴いた。

魚住氏によると、「四位一体」による国策遂行のための世論誘導プロジェクトは一九九九年から進行していた。広告不況で経営状態が悪くなった地方紙を救うため、電通新聞局は巨額の政府広報予算を地方紙に回そうと計画。そのための組織として「全国地方新聞社連合」を設置。「裁判員制度フォーラム」のパブ広告は、同連合が電通経由で各省庁から受けた仕事の一つだったという。

最高裁主催のタウンミーティング「裁判員制度全国フォーラム」開催が決まると、共催者の地方紙はまず開催告知の「社告」を掲載。次にフォーラムの「予告広告」(五段＝紙面の三分の一)を二度、掲載(有料)。フォーラムが近づくと社会面でその予告記事を書くが、これは記事なので無料だ。フォーラムが終わったら、その詳細を伝える特集記事(一〇段、紙面の三分の二)に、最高裁の裁判員制度についての五段広告をつける。記事のほうはいわゆる「パブ記事」(有料広告につける関連記事)で無料である。

魚住氏が入手した資料によると、フォーラムが一回開かれれば、たとえば産経新聞大阪本社には五段広告三回分の料金として約八〇〇万円が入る。こうして二〇〇五年度、全国四七紙の地方紙を利用した世論誘導プロジェクトに費やされた税金総額は三億数千万円にのぼるという。

パブ記事を書くのは現場記者だ。かりに、広告を出す省庁の意図にそぐわない内容にすれば、広告局から「書き直し」を命じられる。タテマエは記事でも実質は広告だから、編集局の思うようにはいかないのだ。結果として政府の思惑通りの記事になるわけで、明らかに読者を騙していることになる。

裁判員制度のような世論を二分するテーマに関しては、新聞の論調がかなりの影響をもつ。国が新聞社の広告不況につけ込んで、紙面をプロパガンダに利用する傾向はますます強まるだろう。それを唯々諾々と受け入れているようでは、ますます新聞に対する読者の信頼感は薄れ、新聞社は自分の首を絞めることになる。

意識調査にも表れた「新聞の危機」

このような現状に、新聞社で働く人たちの士気も下がる一方だ。新聞ジャーナリズムを守る「砦」である新聞労連が〇八年九月に出した報告書「3つの危機を乗り越えるために　明日の新聞を担う諸君へ」にはそれを示すデータが掲載されている。

そのデータを紹介する前に、同報告書が言及している「新聞の危機」について、少し長くなるが、引用してみたい。


「ジャーナリズムとしての新聞の危機」

……新聞批判は鳴りやまない。それどころか、ますますもって政治家をはじめとする権力からの新聞バッシングは続き、一方で市民からは権力との癒着を疑われ、メディア批判論からメディア不要論へと混迷を深めている。たとえば、犯罪被害者対策基本計画や個人情報保護法施行に伴う匿名発表の増加が問題になり、新聞界がこぞってその問題性を指摘しても、市民・読者の反応はむしろ、新聞の「身勝手」をいうものであって、新聞をサポートするものではない。それゆえにますます、公権力による締め付けはエスカレートするとの悪循環を呼んでいる。

新聞が市民・読者の知る権利の代行者でなくなったとなれば、むしろ余計な詮索をし勝手に情報をばらまいていると思われているならば、新聞ジャーナリズムはもはや存在しえない。それではもはや、新聞に権力監視機能、ウォッチドックの役割は期待しえないのか。もしそうであるならば、新聞は静かにその社会的役割をテレビやブログに譲らなければなるまい。もちろん、さまざまな社会的特恵とともに。

しかし、答えはノーであろう。少なくとも、毎年新春に発表される新聞労連大賞の受賞作を見るとき、時の為政者や行政に対するその執拗な追及と鋭い分析、一方で市民の苦しみや悩みを丹念に追いかけるその優しい眼差しは、新聞ジャーナリズムの底力を感じるにあまりあるものである。

問題は、そうした現場の記者の努力が日常的に発揮しづらいこと、ありていにいえば、新聞社内あるいは業界として十分な評価がされない現実にあると推察される。（略）

一方で、事件・事故の取材・報道に代表されるメディア批判は高まることはあっても弱まることはない。そのなかで、「所詮新聞なんか」といったたぐいの抽象的な新聞批判が幅をきかせ、より個別具体的な紙面批評、しかも客観的継続的なメディアクリティックが全く存在しないなかで、新聞の社会的地位は低下を続け、信頼感が喪失している現実がある。もちろん、新聞ジャーナリストの本質的な知的劣化や、好奇心や行動力の喪失は間違いなく存在する。新聞社が本来もつべき批判性や世論形成機能が衰えていることも否定しない。むしろそれらは早急に解決すべき重大な課題である。

しかしそれらのより根底にある、新聞ジャーナリズムを希薄化させる漠然とした職場の雰囲気、新聞業界を覆う重苦しい空気の存在を、いま直視しなくてはならないのではなかろうか。新聞がもつさまざまな機能を再検討し、何を残して何を育てるのかを見定めること、そして市民・読者の信頼を勝ちうるのはその次の作業となるであろう。

「新聞人の危機」

……新聞人としてとりわけ記者たるジャーナリストとしての危機が進行している。記者の必要最低限の素養として挙げられる、行動力・フットワークのよさ、好奇心や事実追求への情熱が、極端に弱くなっているといえる。社会正義や批判精神の衰退さえもが問題とされる現実がある。

その根底には、高給を保障され、高見から庶民の生活を見下ろす感覚の記者が増えてはいないか。地域の一流企業として、優秀である証に新聞社に入社する者が増えてはいないか。もちろん、職務に見合った収入は正々堂々と要求すべきである。記者をはじめとする新聞労働者の仕事内容が、現行の給与水準に相応しくないものというつもりはない。

しかし、実際に現場に向かうことなく、あるいは直接人に会うこともなく、電話やネットだけに頼る記者があまりに多い現実がある。現場の反論を聞くと、どうせ火事や殺しの現場に行っても、警察線が厳しく昔と違って現場に近づくことすらできませんよとか、コメントをもらうのに何時間もかけて行かなくても、電話で済ませた方が効率的ではありませんか、いまの記者は本当に忙しいのですよ、ということになる。

それでも重ねて言う。こうしたディスコミュニケーションが、記者のレポーター化・サラリーマン化を招いている、と。そして結果的には、記者自身にジャーナリストの空疎感・空虚感を味わわせるという悪循環を生んでいる。

ただし事態を複雑にしているのは、必ずしもこうした事態を招いているのが記者自身の怠慢ではないからである。むしろ、多くの記者に接すれば接するほど、記者一人ひとりは忙しく、仕事にまじめであることが多い。むしろ、その生真面目さ、より具体的に言うならば、上司の命令を一〇〇％堅実にこなそうとするその生真面目さこそが、自らを追い込み、仕事を面白くなくさせている面もある。

他社に負けてはいけない、特オチをすれば怒られる、いやむしろ積極的にスクープをめざして夜も寝ないで頑張ろう、という記者が多いのである。しかし、そうした余裕を失った「馬車馬の如し」の仕事のありようは、ジャーナリズムという想像力を大切にする仕事には向かない職場環境である。

そしてまた、社内制度としての自由の剥奪も進んでいる。コンプライアンスという名の下で、職場の「統制」が進んでいる。危機管理と称して、外部活動が禁止・規制され、社によっては市民運動からの強制的隔絶がルール化されている実態がある。市民社会との交わりをもつことなく、ジャーナリズム活動を行うことが可能なのか、新聞にとっての客観性とは何なのか、その議論は置き去りにされたまま、結果として新聞記者は社会と遊離してきている。

誤解を恐れずに言えば、ジャーナリズムに中立公正はない。あるのは、常に権力なるものに対峙し、弱者の側（奪われる側）に立つという偏向ともいえる立場であるはずだ。にもかかわらず、多くの社は客観中立・政治的公正さを大切にし、記者の行動を強いている。これもまた、ジャーナリズムの牙を削ぎ、本質を変質させる大きな問題である。

生真面目さが呼ぶ硬直性、社会との隔絶が引き起こす市民目線や関心の喪失、偏差値や出身校の偏在が呼ぶ悪しきエリート意識、新聞社が求める形式的な客観主義など、新聞社が従来、当たり前に継承してきた結果の現実が、新聞人の弱体化を招いている。

上記のような危機感のもと、新聞労連が約三〇〇〇人の組合員に対して行った意識調査のデータは、新聞ジャーナリズムの危機を端的に示している。

　まず職場への満足度調査では、「仕事にやりがいを感じている」人は四二・七％で、半数にも満たない。これに「どちらともいえない」を加えると九〇％近くになる。また、「入社時に比べて、仕事の魅力が減った」との回答は四〇・二％で、「どちらともいえない」を含めると七四％、実に四人に三人の人

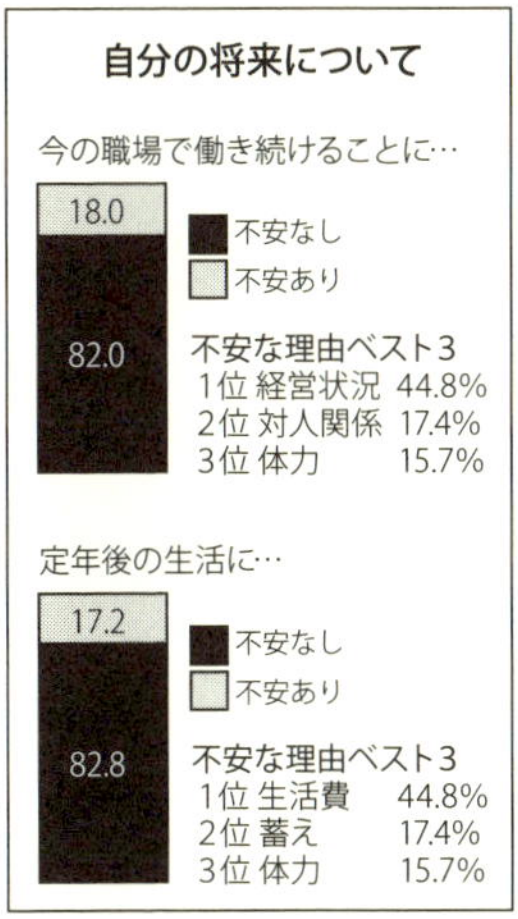

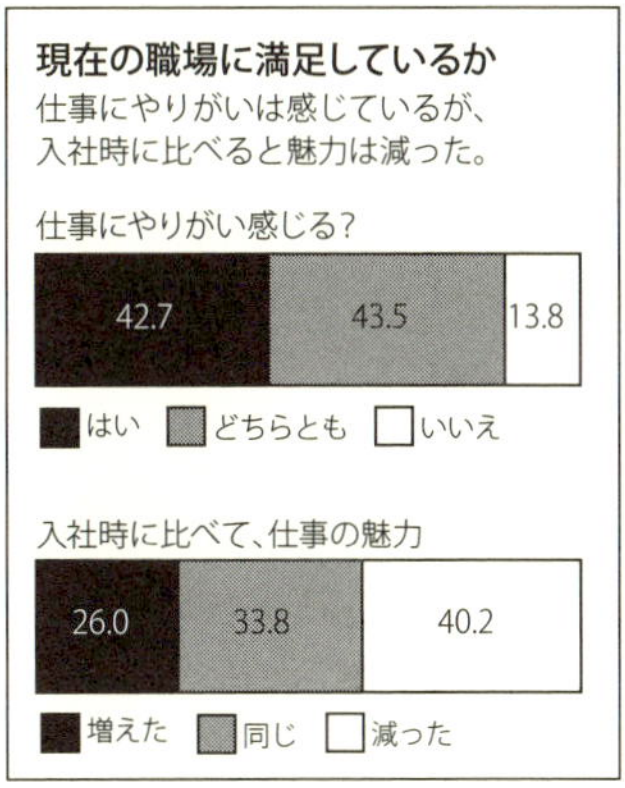

グラフはいずれも「３つの危機を乗り越えるために　明日の新聞を担う諸君へ」より

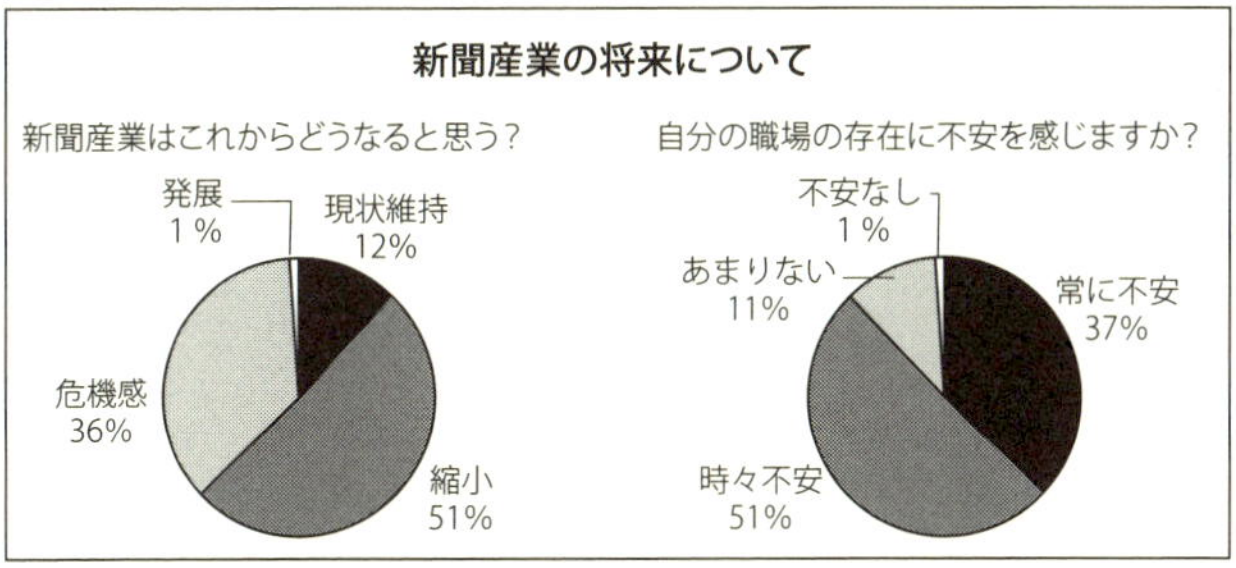

は自分の仕事に魅力を感じていない。

また、「自分の将来について」も悲観的だ。今の職場で働き続けることに不安を感じる人は八二％で、定年後の生活が不安だと回答した人も八二・八％にのぼる。

さらに、新聞産業の今後については、「〝縮小〟されると思う」、または「〝危機感〟をもっている」という回答が八七％、職場の存続に「〝不安〟を感じる」人に至っては八八％だ。正直、信じられない思いでこれらの数字をみた。

マードック戦略が襲った激震

実のところ、新聞社の経営者はビジネスモデルが崩壊していたことについて、少なくとも一〇年以上前から〝うすうす〟気づいていた。気づいていたのに、抜本的対策をとらなかったのだ。

日本の新聞社は「サラリーマン社長」が大半を占める。「サラリーマン社長」の功罪はさまざまだが、「罪」の面で言えば「将来を見越した経営をしない」を筆頭にあげていいだろう。つまり「自分が社長のときだけ、何とかなればいい」という発想だ。このような発想では「大胆な勝負」はできない。そんなリスクを負うくらいなら、目先の数字を改善した方がいいとなってしまうからだ。よく言えば慎重、悪く言えば臆病である。

新聞業界が右肩上がりのときは、それで問題はなかった。しかし、ビジネスモデル自体が危機に瀕しているとき、「慎重」な態度、まして「臆病」な姿勢はとるべきではない。なのに、ほとんどの新聞社は「まだまだ何とかなる」と現実から逃げ回った。

そこに降って湧いたのがマードックショックだ。〇九年六月、新聞王のルパード・マードック氏が「電子新聞への移行」を表明したのである。「紙の新聞」では採算がとれないと宣言したことにほかならない。

マードック氏の戦略は、「一〇年後には、ほぼすべてのニュース・コンテンツをパソコン、もしくはアマゾン社の携帯電子媒体『キンドル』などを通して読者に読んでもらうことになるだろう」という彼自身の言葉によく表れている。つまり、すでに出回っている「ｉＰｈｏｎｅ」などの携帯電子媒体が、従来の活字媒体である新聞や本などにとって代わるビジョンを描いたうえでの決断なのだ。実際、米国の一部大学では、かさばる教科書の代わりに、全学生にキンドルをもたせる計画が始まっている（河内孝『次に来るメディアは何か』ちくま新書、二〇一〇年）という。

マードック氏が大きく舵を切った背景には、米国の新聞社が軒並み経営破綻を迎えるという、想像を絶する事態がある。

米新聞雑誌発行部数の公査機関であるＡＢＣの調査によれば、二〇〇九年四月から九月までの間に米国の主要二五紙のうち約三分の二が発行部数を一〇％以上も減らしている。この一〇年間発行部数でトップを維持していたUSAトゥデイは前年比で一七%減。ニューヨーク・タイムズやワシントン・ポストでさえ七%前後も減らし、もっとも減少幅が大きいところでは二六%減となっている。

発行部数の減少以上に、広告収入の落ち込みは深刻だ。そもそも米国の新聞は広告依存度が高いとされ、新聞の総収入のうち広告の占める割合が七〇〜八〇%にもなる。その広告収入が〇八年末までの二年間だけで二三%減というのだから、破産申請や廃刊に追い込まれるのは無理もない。

〇八年には発行部数・売上ともに全米二位のトリビューン紙が一三〇億ドルの負債総額を抱えて破産手続きを申請した。〇九年には創刊一四〇年を超す名門紙も廃刊を決定するなど、新聞社の経営破綻は雪崩現象を起こしている。とはいえ、米国の破産法は日本の民事再生法以上に再建に重きを置くため、会社が破産申請中であっても新聞の発行は続けているという（前掲書）。また、事態を重く見た連邦議会は新聞産業への支援策検討に乗り出した。

ちなみに英国でも二〇一〇年三月、高級紙・インディペンデントが、旧ソ連国家保安委員会（KGB）のスパイだったとされるロシアの富豪アレクサンドル・レベジェフ氏に一ポンド（約一三七円）で買収され、話題になった。異例の低価格は、同紙の負債を引き継ぐことが条件になっているからだ。

ネット参加だけでは無理

皮肉なことに日本の新聞社の経営陣は「あのマードック氏でさえ紙をあきらめたのだから、われわれもモデルそのものを変えなくては」と、にわかに勢いづいている。

たとえば、朝日新聞は二〇〇一年の日経との電子メディア事業提携を皮切りに、〇七年は日経・読売とネット上の共同事業や新聞販売での業務提携を、〇八年には時事通信・日刊工業新聞と有料データベースサービスを開始した。「ネットメディアにおける新聞社の影響力を高めたい」というが、要は広告と有料サービスによる収益を狙っているのだ。

しかし二〇一〇年一月現在、新聞ウェブサイトの有料化でリードしている米国でさえ、連戦連敗が確実と伝えられている。有料化したとたん、アクセス数が三分の一に減ったところもあれば、有料サービス加入者が三カ月間でわずか三五人のところもあるという。

日経は同年三月下旬に、パソコンや携帯電話で見られる電子版を創刊した。約一〇万人の購読者でスタートしたようだが、有料化後の見通しははっきりしない。販売店の協力が得られず、本紙購読者に電子版の情報が伝わっていないともいわれる。いずれにしても、経済情報に特化して成功したウォール・ストリート・ジャーナルのようになれるかは未知数だ。

新聞をこよなく愛する者として、今になりバタバタとマードック氏の後を追う姿をみると、うらさびしくなる。責任回避に汲々とする経営者の素顔が、まざまざと浮かび上がってしまうからだ。「ネットに無料で記事を載せたのが失敗」という認識は間違っているわけではない。だからといって、闇雲なネット利用により直ちに新しいビジネスモデルができるほど、ことは単純ではない。新聞が堕落した真因から目を背けている限り、「新聞の死」は避けられないのだ。昨今の新聞社の様子は、すでにその道を歩み始めているようにしか見えない。

新しいビジネスモデルの姿

「はじめに」で新聞の存在価値が上がるのはこれからだと、私は強調した。従来のビジネスモデルが崩壊したからといって、それは新聞の役割が終わったこととイコールではないのだ。

情報化社会がとめどもなく広がる中で生まれたインターネットの空間は、原始社会そのものである。そこにあるのは「裸の欲望」であり、ルールもなければ信号もない。しかも匿名空間であるため、理性をかなぐり捨てた行為が持ち込まれることもある。いまは、それぞれがそのような世界にある種の「刺激」を覚えているから、危険をかえりみることなく突っ込んでいく。だが、いつまでもこの事態に耐えられるわけがない。そのとき、みんなは何を求めるのか。ルールであり、ナビゲーターだ。

もう、おわかりと思う。新聞こそ、ナビゲーターの役割を果たせる唯一のメディアなのである。何しろ、一〇〇年以上もの間、ニュースの一覧をつくり、なおかつそこに価値付けを行ってきた。単に取材し、記事を書いてきただけではない。「どのニュースが真実であり、その意味は何か」ということを知りたい欲求が高まったとき、それに応えられる能力を最も持っているのが新聞である。ここに立脚点を置いたビジネスモデルこそが求められるのだ。

しかし当然、こんな疑問が出てくるだろう。

① 紙媒体は消え去る運命にあるのではないか。

② いまの新聞はナビゲーターにふさわしく真実を伝えているのか、きちんとした価値付けを行っているのか。

①の答えは簡単だ。新聞は「紙」にこだわる必要はない。新聞社はニュースを報じるコンテンツ企業である。売り物は「記事」である。記事が紙に書かれていようが、インターネットで流れようが、そんなことはどうでもいい。紙媒体がなくなったからといって、新聞社が消えるわけではないのだ。

ただし、当面、紙媒体が消滅することもない。紙は使い勝手がいい。くるくる丸めてバッグにしまえるし(携帯端末でも近い将来、可能になるようだが)、コーヒーがこぼれたら破いてふくこともできる。泥酔して路上に寝ころぶときは、体に巻き付けておくと暖を取れる。何といったって風呂場で読める。

　使い勝手の問題だけではない。

　パソコンと携帯がなくてはならない存在になっている一〇代、二〇代の若者だって、雑誌は読む。であるなら、彼ら、彼女らが高齢者になったとき、紙媒体のまったくない世界には耐えられないはずだ。

　シャープペンシルが登場したとき、いずれ鉛筆は消滅するのではないかと思った人もいただろう。だが、そんなことにはならない。鉛筆には鉛筆の使い勝手のよさがあるというだけではない。情緒の問題だ。細胞分裂が活発な時代に身の回りにあったものを、そうそう、人間は捨てられない。そのものへの〝思い〟が染みついているからだ。

　そうはいっても、紙メディアは減り、インターネットがますます増殖するのは避けようのない現実だ。だが、それは単に記事を提供する場の変化でしかない。そのことが即「新聞の衰退」につながると考えるのは短絡的である。いずれにしても紙媒体は「当分はなくならない」し、激減したとしても新聞にとっては「大した意味がない」のだ。

　問題は二番目の疑問である。本来の任務を忘れ、新聞が新聞でなくなっている、それは厳しく指摘せざるをえない。そして、新聞が新聞でなくなれば「新聞の栄光」が訪れるはずもない。つまり、今のままの堕落した新聞なら、私の見通しも世迷いごとに終わってしまうのだ。このことに思いをいたさず、マードックモデルのまねごとをしたならば、新聞の死は避けられない。

具体的な処方箋の前に、どうして、新聞は新聞でなくなったのかを考えてみたい。そしてその解答を導き出すためには、まず、新聞が陥った（陥っている）「誤解」からみていく必要がある。

第2章

誤解

——業界の「常識」は非常識

誤解一　「新聞は国民すべてに読まれている」

断言しよう。はるか以前から、新聞は新聞人が思っているほどには読まれていない。「ほとんどの市民・国民が読んでいるメディア」というのは大いなる誤解である。

私は一九七四年に毎日新聞に入り、主に社会部記者をしてきた。だが二〇〇二年、「サンデー毎日」編集長の後、なぜか経営企画室的な仕事をする社長室に配属となった。販売問題も守備範囲だった。その折りのことである。東京都中野区で新聞をとっていない家庭が半数を超えたという情報が入り、社長室に衝撃が走った。新聞社にいる人間は、何となく「新聞をとっていない家などありえない」と思っているからだ。しかし、私は特に驚かなかった。単身世帯、特に学生の多い地区だったから、むしろ「当然」とすら受け止めた。

いくつかの体験があったからだ。

当時、都内の私立大学で週に一こまだけ非常勤講師をしていた。メディア志望者の多い講座だったが、ほとんど誰もまともに新聞を読んでいなかった。一人暮らしの学生で新聞購読者は皆無だった。

講義の内容は「いくつかの新聞記事を組み合わせて、社会の動きを読む」だった。リポートもそれをテーマにしたが、あきれたのは、かなりの学生が新聞社のネット版掲載の記事を元に書いてきたことだ。当然、それらのリポートは点数を低くした。

すでに十数年前、大学生が新聞に関心がないことを知り、愕然とした経験もある。有名私立大学で講演を頼まれた際、一人暮らしの学生に「新聞を購読しているか」と聞いた。一〇〇人ほどいた学生のうち、アパート暮らしの学生は二〇、三〇人だったろうか。手があがったのはたった二人。しかも、一人は「親が販売店を営んでいる」ということだった。まるで笑いをとるためにつくったような話だが、事実である。

メデイアに関心のある学生だってこんなものだ。まして、一般の学生が新聞を定期購読するなど、ほぼありえない。

毎日新聞に限らず、新聞業界では、「どうやって若者に新聞を読んでもらうか」が重要なテーマだった。正直、「無駄なこと」と思っていた。上述のようなことがあったからだ。そもそも、新聞を読まないのは若者に限らない。冒頭に書いたように「はるか以前から新聞は読まれていない」のである。

失敗① 購読者の惰性に頼った商売

「新聞に関する調査」のデータをみよう。

「新聞購読」についてはこうだ。二〇〇四年四月一九～二八日にかけて「Ｐｉｔｔａｒｉ－リサーチ」（株式会社ニックネーム・ドットコム運営）の「ぴったりメール会員」一一七五名を対象にした調査によれば、「ほぼ毎日読んでいる」と答えたのは全体の五一・七％で、二人に一人でしかない。新聞を読むのに「一日にどのくらいの時間をかけるか」の回答では、一五分以内が四〇・五％で、一五〜三〇分かけて読む人が四四・七％、つまり約八五％の人が新聞を読むのにかける時間は三〇分以内であるということだ。

この三〇分という数字をどう分析したらいいだろうか。新聞に三〇年近く関わってきた私でも、それなりにしっかりと読めば、朝刊なら一時間はかかる。一般の読者なら二時間は必要だろう。三〇分ではせいぜい「一面の見出しを見て、社会面のいくつかの記事をざっと読む」で終わりだ。つまり「新聞を読んでいない」と同義である。

また、二〇〇八年九月一七日〜一〇月二日にかけてネットリサーチの「ＤＩＭＳＤＲＩＶＥ」（インターワイヤード株式会社が運営）がモニター一万二三三一人を対象とし、「新聞の購読」についてアンケート調査を行った。その結果によれば、新聞購読をしていない家庭は二四・四％。四世帯に一世帯は新聞を取っていないわけだ。さらに、新聞を読む理由として三五・五％の人が「習慣になっているから」と回答した。要は、三人に一人は惰性でとっているのだ。

新聞を読まないのはなぜかという問いに対しては「テレビやインターネットでニュースを得ているから」が七二％でトップ。「価格／購読料が高いから」と回答した人も約半数の四九・五％だった。習慣でとっていた人たちが〝タダ〟のインターネットに移っていくのは当然の流れだろう。

新聞のどの欄・面をよく読むかという設問（複数回答）では、一面トップが七七・六％で最も多く、次いで社会面の五六・七％、テレビ・ラジオ欄が五六・四％と続く。政治面を読むと回答したのは三六・七％、国際面は二八・一％、社説は一九・二％にすぎなかった。

毎日新聞時代、何度か読者調査をした。当時、トップはテレビ欄。次いで、社会面、スポーツ面の順。政治面、経済面、国際面など、いわゆる硬派のページはほとんど読まれていなかった。

しかも「週刊ＴＶ」（東京ニュース通信社）などの媒体が次々に登場し、「新聞でなければテレビ欄は読めない」という時代は去った。先の調査でテレビ・ラジオ欄が意外に低かったのも新聞以外から入手できるようになったからだろう。スポーツについても、スポーツ新聞が充実し、一時は電車の中で乗客が読んでいるのはスポーツ紙ばかり、という状況だった。

ネット時代になるにつれ、テレビ情報誌もスポーツ新聞も衰退していった。はっきり言えば、今や新聞が熱心に読まれるのは、超弩級の大事件が発生したときくらいだ。

さらに、果たして「三〇分」という閲読時間は本当かということだ。「あなたは新聞をどのくらい読んでいますか」と聞かれたとき、大抵の人は少し多めに答えるだろうことは容易に想像できる。ならば、せいぜい、読者が新聞を読む時間は一〇分程度ではないか。それでもほとんどの国民がひと月四〇〇〇円弱を払って、新聞を定期購読してきたのである。

その理由は、調査結果にも表れているように、「惰性とか習慣」があったということだ。新聞は宅配制度のもとで読者の「惰性により」部数を維持してきたというのが実態である。「新聞をとること」と「新聞を読むこと」は決して同義語ではない。

失敗② 〝影響力〟

新聞は江戸時代の瓦版が原点だ。以来、社会面の事件報道が中心であり続けた。人間には多かれ少なかれ、のぞき見趣味がある。男の場合、「女性が殺された」というニュースに接すると「若いのか」とか「美人なのか」とか知りたがる。資産家の家に空き巣が入ったと聞けば、どのくらいの資産をもち、どんな暮らしをしていたのか興味がわく。そんなときは、新聞を読むしかなかった。新聞は一人勝ちだったのだ。

一九六〇年代になると、新聞社系の週刊誌「サンデー毎日」「週刊朝日」が「我が世の春」を迎えた。その背景には「食べられる」ようになった国民の意識変化がある。ある程度生活の余裕ができたことにより、「下世話なこと」への関心も高まったのである。いわゆる「色、恋、カネ」に関する記事への渇望感が強まったといってもいいだろう。

どうでもいい話だが、「サンデー」と「週朝」はいずれも「自分たちが第一号の週刊誌」と主張している。毎日新聞の先輩から聞いた話はこうだ――。

「当時（一九二二年）は毎日も朝日も東京本社が有楽町にあった。近くの喫茶店で毎日の社員が週刊誌立ち上げについて話していたのを、朝日の社員が小耳にはさみ、すぐに会社の上司に伝えた。〝何でも一番でなければ気のすまない〟朝日が、あわてて『週朝』を作り上げた。だが時間的に間に合わず、第一号は週刊誌ではなく季刊誌だった」

その真偽はともかく、いずれにしても両誌とも売れに売れ、一〇〇万部を超えたこともある。六〇年代に「サンデー」にいた先輩は「利益が上がりすぎたため、とにかくカネを使えと上から指示された。経費なんて使い放題。いま考えたら夢のような話だ」と笑っていた。

だが、さすがにそこは新聞社系、「下世話」とはいってもおのずと制約がある。この裃を着た両誌を尻目に、後続の「週刊文春」「週刊新潮」は思う存分、のぞき見趣味に応える誌面をつくった。かくして、新聞社系週刊誌は衰退の一途となった。

さらにサラリーマンを対象にした「週刊現代」「週刊ポスト」が生まれ、両誌が一〇〇万部を超えることになる。また芸能人のスキャンダルをメインにした女性誌も次々と誕生、部数を伸ばした。

それでも新聞本体の部数が減ることはなかった。どうしても週刊誌はスキャンダルで商売するため、いわゆる「筆が滑る」ことがある。これに対し、新聞は「信頼ある記事は新聞だけ」と主張し、それを売りにすることができた。しかも、日刊だから、速報性では断然、優位に立っていた。

ところが、テレビの力量が高まり、エンターテインメントだけではなく、ニュース報道にも力を入れるようになると、新聞の速報性という任務は終わった。あるいは少なくなった。私が新聞記者になった一九七四年には、「新聞はもう終わりではないか」という雰囲気が漂い始めていた。だが、やはり、部数は減らなかったのである。「惰性」「習慣」のおかげという面が大きい。かくして新聞業界は「新聞は読まれている」という誤解を持ち続けることになった。

一方で、読まれていないとはいえ、新聞が大きな影響力を持っていたのも事実である。なぜか。永田町、霞ケ関を動かすことができたからだ。

たとえば、政治家のスキャンダルを徹底的に新聞が追及すれば、それはかなりの力をもつ。田中角栄元首相逮捕につながったロッキード事件、竹下登元首相を失脚させたリクルート事件などは新聞の力をまざまざと見せつけた。

小泉純一郎氏の異常人気や、民主党政権奪取も、テレビの影響力が大きかったものの、新聞の果たした「役割」は相当のものだ。二〇〇九年から二〇一〇年初めの小沢一郎民主党幹事長をめぐる報道では、東京地検が新聞記者にリークすることで政治を動かすという構図がかなり露わになった。良きにつけ悪しきにつけ、新聞には無視できないパワーのあることを改めて示したのである。

政策に関しても新聞の影響力は大きい。各省庁は、いわゆるアドバルーン記事といって、予算などが確定する前に新聞に書かせ、既成事実化させるという手法をとる。これがかなりの効果を発揮するのだ。永田町や霞ケ関にとって、新聞はまさしく「第四の権力」なのだ。

これらのことも、「何だかんだいっても新聞は読まれている」という勘違いから新聞業界が脱却できなかった理由の一つである。

失敗③　読者への迎合

しかし、活字離れ、新聞離れはじわじわと顕在化する。ここで、新聞は大きな失態を侵す。部数増を図るため、「読者迎合」路線に走ったのである。「新聞はわかりにくい」という批判が多かったため、「読者にわかりやすい」記事を追求した。そのこと自体は間違っていない。だが問題は内容だ。具体的な方向性としてあがったのは、「スポーツ記事や芸能記事を増やす」「生活ネタを増やす」ことだった。いわば、新聞のワイドショー化である。

新聞一面に野球の松井秀喜や松坂大輔についての記事が載ったり、競馬のディープインパクトの写真がでかでかと載ったりするようになった。はっきり言って、そんなニュースはスポーツ新聞に任せておけばいいのだ。まったくどうかしている。

暮らしニュースの充実についても、介護の仕方やおいしく簡単な料理の紹介などを報じることは必要だ。しかし、それは新聞のメインストリーム（本流）ではない。

極めて基本的なことだが、果たして新聞の役割は、「読者が知りたいことを知らせる」ことだろうか。私は違うと考えている。読者が「知って良かった」と思うこと、そして「読者に知らせるべきこと」、それを伝えることこそが新聞の最大の使命である。

繰り返しになるが、「知りたい」ことを伝えることも必要だ。そういうニュースがいらないと主張するものではない。優先順位が低いということを強調したいのだ。

子どもに食べさせる料理を考えてみよう。ニンジンが嫌いといったら、一切、食べさせないでいいのか。親なら、子どものことを考えて、無理矢理でも食べさせるはずだ。ただし、丸ごと食べろと命じたら食べない。だから親は、細かくしてカレーに入れるなどの工夫をするのだ。新聞も同じである。伝えなくてはならないニュースを、読みやすいように工夫して提供するのが使命であり、迎合とは、行って帰るほど違う。

私が編集長をしている「週刊金曜日」は一九九三年に創刊された。言い出しっぺは、元朝日新聞記者で本誌編集委員でもある本多勝一氏。実は二〇年以上前のことだが、本多氏に「日刊紙をつくらないか」と声をかけられたことがある。

「いまの新聞は新聞ではない。事実も真実もない。本物の新聞をつくりたいのだ」

大先輩であり尊敬してやまないジャーナリストの熱意は相当だった。だが、私は「無理です」と答えた。理由は二つ、「資金」と「配達」だ。資金はどうみても数十億円は必要となる。そんな金を出資してくれる先があるとは思えなかった。

次に「配達」。日本では日刊紙は宅配が当然との意識があり、駅売りでは難しい。となると、販売店を確保しなくてはならないが、現実的ではない。本多さんの頭には韓国のハンギョレ紙があったようだが、日本と韓国ではさまざまな意味で条件が違いすぎる。

それから数年後、「週刊金曜日」が立ち上がった。本多さんの目論見は「まずは雑誌、それから日刊紙」だった。筑紫哲也さんが賛同したこともあり、「真実と事実しか報じない」「広告に頼らない」という日本では初めての週刊誌は全国的な話題になった。

私は二〇〇四年に編集長になったが、当初もいまも、次のように思っている。

「新聞が本来の役割を果たせば、今日でも本誌は廃刊していい」

なぜなら、本誌は、新聞が報じるべきことを誌面化しているのだ。裏を返せば、新聞があまりにひどすぎるので、代わりの役目を果たしているのである。だから、新聞が覚醒すれば、わざわざ一部五〇〇円出して本誌を購入する人はいないだろう。

「週刊金曜日」は「読んでもらう」工夫はしつつも、基本的には「これを読みなさい」と読者に押しつけている。新聞もそうあるべきだ。

姿勢が偉そうだ、と言う新聞人もいる。だが、それはおかしい。たとえば医師を思い浮かべてほしい。患者が「私は苦いクスリが嫌いだから」といっても、それが病気を治すために欠かせないものなら処方するだろう。「上から目線」とか「偉そう」とかいうのとは異なる。当然の使命なのである。

そして、重要なのは「なぜか」をきちんと伝えるということだ。新聞もあらゆる角度からの取材を綿密にしたうえで、「だからどこが悪いと考えられる。したがって、このクスリが必要なのだ」と報じる。そうすれば、信頼度は一気に増し、読者が「三〇分も読まない」媒体からは脱却できるはずだ。

話が少し先走ってしまった。新聞の新生策については第三章で詳述することにして、次の誤解に移ろう。

誤解二「ネットに負けた」

失敗④ 情報の垂れ流し

新聞がネットに負けたというのはある意味であたっているが、基本的には間違っている。インターネットを私が初めて知ったのは九〇年代に入った頃だった。およそ機械と名のつくものにうとい私は、コンピューターと聞くだけで尻込みしてしまう。だが、このインターネットには何かしら、ざわざわとする感覚を覚えた。とてつもなく巨大な波に襲われる感覚があったのだ。今にして思えば、その感覚は正しかった。

だが、社内(毎日新聞)ではこれといった話題にはならなかった。それ以前にコンピューターを使った紙面制作が大問題だった。

話はずれるが、かつて新聞は鉛の活字を組んでいた。天才的な職人がいた。一本一本、神業のように活字を拾って組んでいくのだ。それがすべてパソコンで処理されるようになる。いわば、全く違う職業につくようなものだ。コンピューター化によってこうした社員の職場がなくなる、そのことが最大の問題だった。

当時、社会部デスクだった私も、デスクワープロに慣れるのに必死だった。それまでは、ざら紙の原稿に赤字を入れ、それを制作部門に回すだけだった。タイプライターすらやったことのない私は、汗をかきかきの仕事だった。

ある日、デスクワープロがダウンしたことがある。しかも、その日は大きなニュースが立て続けに起こり、一面、社会面を何度も作り直すという、まさに何年かに一度の修羅場だった。たまたまデスク番にあたっていた私は顔面蒼白となった。ワープロが回復したときには、もう残された時間はわずかしかない。だが、火事場の馬鹿力というのか、自分でも想像ができないほどの力を発揮して、なんとか乗り越えた。おそらく、二度とあんなことはできないだろう。とまあ、これは余談にすぎないが、問題はその後、社内の技術局の人に聞いた〝事実〟だ。

「パソコンやワープロはまだ発展途上の機器なんです。メーカーからすれば、新聞社の現場で実験しながらバグ探しをしているというのが本音ですよ」

ふざけるなと、思わず怒鳴りたくなる気分だった。そんないい加減な機械で日々の紙面を作っていいものかと、心底、ラッダイト（機械打ち壊し）運動を起こしてやろうかとすら思った。

こんな状態だから、インターネットが世界を変えるのは確かだが、まだまだ時間がかかるだろうとたかをくくっていたのだ。

結局、多くの新聞人はインターネットにさしたる危機感を抱かず、電脳空間に無料で情報を垂れ流すという選択をしてしまった。この時点で、ネット上でどのように情報を売っていくのか、きちんとした戦略を立てていれば、新聞社が軒並みこれほどの赤字に苦しむことはなかったはずだ。むろん、それだけがビジネスモデルの崩壊につながったわけではないのは、前述した通りだが。

話を戻そう。ネットと新聞は親和性がある。理由は簡単。いまのところ、ネット上での情報はまだまだ「活字」が主流である。この点で、映像中心のテレビとはまったく異なる。新聞とテレビはかなり異質なメディアだが、それに比べ新聞とネットは親和性が強いのだ。

むろん、ネットと新聞の決定的な違いはいくつもある。

一つは「枠」の問題だ。新聞は朝刊がせいぜい二〇～三〇頁。夕刊は一〇頁に届かない新聞もある。現実には無数の「ボツ原稿」が生まれているし、記者が一〇〇行書いても、掲載されるのは二〇行ということも日常茶飯事だ。大半の新聞記者は読者からこんなクレームを受けたことがあるはずだ。

「何でこのニュースを報道してくれないのか」

「どうしてこんなに小さな記事なのか」

これらの読者の多くは「新聞社は価値観がわかっていない」「何らかの圧力がありつぶされたのでは」と感じているのだろう。だが現実には、大半が「枠」の問題なのだ。

しかも、各社とも何度かにわたって活字を大きくしている。また、写真やイラストのスペースを増やしてもいる。「枠」はますます縮まる傾向にある。

これに対し、ネットの世界は無限である。情報はいくらでも蓄積できるし、「枠」の制約は無いに等しい。

ネットの場合は、「時間」という枠もない。新聞には「締め切り時間」という、決定的な限界がある。だから、テレビが出現したときは、新聞業界はパニック状態に陥った。二四時間放送のできるテレビに、「速報性」では絶対に対抗できなかったからだ。だが実際には、当初予想されたほどの影響はなかった。

テレビが新聞の存在を根底から揺るがすことがなかったのは、「ニュースは添えもの」だったからだ。二四時間とはいっても、テレビも「番組表」という限界がある点では新聞と変わらない。その限られた「枠」の中で報道番組が主流にならなければ、新聞の「メディアの帝王」という立場が崩れることもなかった。これが実態である。

こうした既存の媒体に対し、時間的にも空間的にも「枠」のないインターネットは、まったく異質のメディアだ。しかも、だれでもが送り手になれる。メディアに対しては常に受け手の立場だった市民が、情報発信の地位を確保したのである。

こうした時代の到来は、確実に世界を根底から変えるだろう。インターネットのポテンシャルはまさに想像を超える。

失敗⑤　ネットユーザに対する閉鎖的な態度

インターネットの脅威をまざまざと示す事件が〇八年に起きた。毎日新聞の英文版ホームページをめぐる、いわゆる「ワイワイ事件」だ。

毎日新聞社の英語版サイト（毎日デイリーニューズ〔Mainichi Daily News〕）に掲載されていたコラム「ワイワイ（Wai Wai）」の内容は多分にイエロージャーナリズム的な醜聞を誇張・歪曲した大衆週刊誌の翻訳記事であった。それにもかかわらず長年にわたりほぼ野放し状態で掲載・配信され続けていた。このことに気づいたネットユーザーが毎日新聞に指摘や通報を試みたが、毎日新聞側は何の対応もしなかった。しびれを切らしたネットユーザーは毎日新聞のスポンサーに対し、広告掲載中止勧告の電話作戦（ネット用語では「デン凸」）に出た。

この問題が表面化すると、「毎日ｊｐ（ウェブサイト版毎日新聞）」への広告配信が止まったのを皮切りに、本紙の広告出稿も激減した。ネットユーザーたちのデン凸が功を奏したのである。事態の広がりに危機感を抱いた毎日新聞は同コラムを閉鎖し、担当記者と上司を処分するとともに社内調査結果を公表した。

この事件に関し、同社の元社会部記者であるジャーナリストの佐々木俊尚氏はブログでこう解説している。

……これはインターネットとマスメディアの関係性を根底からひっくり返す、メルクマールとなる事件かもしれない。（略）今回の事件に対する毎日新聞の事後対応はあまりにもひどすぎた。（略）そもそもこの会社の特徴は、ガバナンス（内部統率）という言葉が存在しないほどに無政府的なことであって、まともな社論もなければまともな組織もない。（略）しかしそうしたガバナンスの欠如は、悪いところであるのと同時に、良いところでもある。毎日が調査報道に強く、新聞協会賞を数多く受賞しているのは、そうやって好き勝手な記者たちが自分のやりたいことをやり続けている結実でもあるからだ。実際、私にとっても毎日新聞という会社は自由で居心地の良いところだった。

そういう会社が一枚岩であるわけがない。だが――そこがまたこの会社のきわめて中途半端なところなのだが――今回のような事件が起きると、急に「ガバナンスをきちんと確立しないと」という機運が高まり、外部に対して情報を絞り、一元化しようとする。本当は無政府状態なのに、必死に一枚岩に見せようとして、結果的に「毎日はネット憎悪で凝り固まっている」というイメージを固めてしまう結果となっている。馬鹿としか言いようがない。（略）ネットの世論はリアルの世論に限りなく近づきつつあるし、この世界を無視しては世論形成さえおぼつかなくなってきている。おまけにネットの世界はいまや、電凸という良くも悪くもリアル世界に影響を与える武器を手にしてしまっている。ネットからリアルへの戦線の拡大は、今後もますます大きくなっていくだろう。

しかし新聞社の側は、その事実をまだほとんど認識できていない。認識できないどころか、いまだに「ネット利用者は少数派の気持ち悪い連中」と思い込んでいる。（略）インターネット時代の危機管理とは、徹底的に情報をオープンにし、発生経緯から事後対応の些細なことまですべてまとめて表に出してしまうことである。ネットという冷酷で、しかし信頼の高い世界では、「内輪だから」「偉いマスコミだから」という理由では、誰も許してはくれない。徹底した情報開示こそが、この信頼世界で生きていく術なのだ。

鋭い指摘である。

このデン凸事件により、ネットユーザーの話題が仮想空間から電話という現実世界に持ち込まれ、結果として毎日新聞は大きな影響を受けた。ただ、そうそう単純ではない面もある。広告出稿をとりやめる企業が続出したのは確かだが、はたしてこの事件が直接の理由かというと疑問だ。企業は新聞広告から遠ざかりたがっている。事件が、うまいことその理由に使われたという点もあるのだ。とはいえ、インターネットの〝力〟が結果的に大新聞を揺り動かしたという事実に変わりはない。

失敗⑥　「ネットVS新聞」の迷信

インターネット上の情報は基本的に無料だし、使い勝手がいいというメリットだけではなく、「市民記者の時代が到来した」とも言われる。もしそうなら、〝インターネット対新聞〟の戦いは一瞬にして勝負がついてしまうだろう。衆寡敵せずだ。だが、そんなことはありえない。

松坂大輔と草野球のエースとは違うのだ。三六五日、賃金をもらい、新聞記者を生業としている人間が、市民記者の後塵を拝することなどありうるはずがない。むろん、中には、プロ野球に進んでも活躍するアマチュアはいるだろう。だが、それは極めてレアケースである。

以前、確か毎日新聞だったと思うが、「迷子捜し」にインターネットがどれだけの効果を発揮したかという例をあげ、市民記者の意義を強調する記事が載っていた（「記者の目」だったか）。勘違いも甚だしい。「迷子捜し」にインターネットが役立ったのは事実だろう。だが、それは単に情報のやりとりの場としての機能であり、ジャーナリズムとは関係がない。一緒くたにしてしまう話ではないのだ。

話はずれるが、〇九年の「紅白歌合戦」は一人の歌い手により、他はすべて「学芸会」と化した。それくらい、スーザン・ボイルの歌声は群を抜いていた。私はラジオで聴いていたが、思わず鳥肌がたつくらいの歌だった。ご承知の通り、彼女は英国のオーディション番組に出演し、その様子がユーチューブに流れたことで瞬時に世界的な話題となった。仮にタイム誌が報じていれば、そのニュースは世界に流れただろうが、影響力は比較にならない。インターネットが世界中に張り巡らされたことで、五〇億人の送り手と受け手が誕生したとも言えるのだから、社会は大変革したのだ。

しかし、スーザン・ボイルの話題は、ジャーナリズムと全く無関係ではないものの、本質ではない。言い方を変えれば、「こうしたテーマでは、誰でもが送り手になれるが、真のジャーナリストになれる人間は数少ない」のだ。なぜなら、真のジャーナリストが報じるニュースは、表層からは見えない、あるいは見えにくい「真実や事実」だからである。一例をあげれば、政治権力が隠蔽を図る「市民に知られると不都合な事実」を発掘し報道するのが大きな使命だ。目の前の現象になにがしかの感想をつけて流す作業は、ジャーナリストの仕事ではない。誰でもが発信できる情報と、息詰まる取材に基づく真の報道を同列に論じるのは無意味なのである。

ヤフーの一日のページビューは一億回以上といわれている。例えば、二〇一〇年二月の総ページビューをみると、四二九億四三〇〇万回（Ｙａｈｏｏ！ ＪＡＰＡＮ「最新月次開示資料」より。http://ir.yahoo.co.jp/jp/）という。恐ろしいほどの数だ。しかし、冷静に考えればわかることだが、ヤフーが提供しているのはインフラにすぎない。決してコンテンツ企業ではないのだ。現状をたとえれば、「鉄道網は世界中に敷かれたが、その上を走る列車は少ない」ということになろうか。インフラとしてのインターネット網と、新聞社が流すコンテンツ（情報）が組み合わさって初めて、ネット上のニュースサイトは成立するのだ。

新聞と異なり、テレビ局はインフラとコンテンツをともにもち、そのコンテンツは動画が主である。当然、コンテンツ企業である新聞とは一種の「敵対関係」とならざるをえない。それに対し、自前のコンテンツを持たないインターネットと新聞は敵対することがない。しかも、ニュースについては活字が主体ということで、親和性が強い。

だから、新聞がネットに排除されることはありえないのだ。逆に、ネット空間が広がれば広がるほど、ビジネスチャンスも増えるのである。至極、単純なことだ。

新聞業界は、「ネットに駆逐される」という迷信から一刻も早く抜け出さなくてはならない。そして、インターネットの力をあなどることなく、脅えることもなく共存共栄の道を模索すべきだ。

ちなみに、テレビのニュース番組は衰退の一途をたどるだろう。マーケティング・プランナーの谷村智康氏によると、いまやｉＰｈｏｎｅとそのソフトで、湾岸戦争を生中継したＣＮＮのピーター・アネット氏と同じことがインターネット上で実現できるという。しかもカメラクルーや中継車なしに、テロップ作成・挿入などの編集もできるパソコンソフトを使って一人の送り手が放送すらできる（「週刊金曜日」二〇一〇年三月二六日号）というのだ。いまでも交通事故や火事の現場などでは、何人もの市民が携帯電話で撮影する光景を目にする。テレビクルーが現場に到着したときにはすでにニュース映像がインターネット上に流れているという時代は目前に迫っている。

誤解三　「新聞は客観・公正」

失敗⑦　主観（直感）を恐れた

新聞協会は戦後の一九四六年、「新聞倫理綱領」を策定した。その中で、こう掲げている。

〈第2　報道、評論の限界〉

報道、評論の自由に対し、新聞は自らの節制により次のような限界を設ける。

イ　報道の原則は事件の真相を正確忠実に伝えることである。

ロ　ニュースの報道には絶対に記者個人の意見をさしはさんではならない。

ハ　ニュースの取り扱いに当たっては、それが何者かの宣伝に利用されぬよう厳に警戒せねばならない。

ニ　人に関する批評は、その人の面前において直接語りうる限度にとどむべきである。

ホ　故意に真実から離れようとするかたよった評論は、新聞道に反することを知るべきである。

このうちの「ロ」は客観報道を謳ったものである。これは、言うまでもなく戦争報道の反省に基づくものだ。しかし、客観主義に戻せばそれで反省というのは本質をはずしている。大本営発表報道の問題点は、「国家権力のプロパガンダにのった」ことだけではなく、「新聞が売れればいい」という発想にある。要は、企業としての利益を優先することで、ジャーナリズムの精神を捨て去ったのである。

権力の言論封殺があったのは間違いない。だが、新聞側が読者に迎合し「勝った、勝った」とあおったのもまた避けがたい史実である。新聞協会はこの点を批判されることを恐れ、「客観報道」に逃げこんだ――私にはそう思えてならない。

だいいち、新聞報道に最初から「客観」などありえないのだ。

簡単な例として倒置法をあげてみる。

「このイチゴは甘いが高い」

「このイチゴは高いが甘い」

記者がこのイチゴを評価していれば後者の表現を使うだろうし、逆なら前者の書き方にする。表現方法により、ことの「評価」の見え方は大きく異なるものだ。

かつて「防衛費がＧＮＰの一％を超えるかどうか」は長い間、大きな政治的問題だった。朝日や毎日は「一％もの」と書き、いかに巨額かを示した。これに対し産経や読売は「一％しか」というニュアンスの記事を掲載することにより「もっと増やすべきだ」という紙面をつくったのである。

北朝鮮（朝鮮民主主義人民共和国）から拉致被害者八人が帰国したとき、新聞の見出しは「生存者の数を先に出す」と「死者の数を先に出す」の二派に分かれた。説明する必要はないだろう。日頃から北朝鮮バッシングの紙面をつくってきた新聞社は後者の見出しにすることで、同国の悪質性を浮き彫りにしようとしたのだ。

このような例は、日々の紙面でいくらでも探すことができる。
「週刊金曜日」は毎号マスコミ批判をメインにしたメディア欄を四頁、展開している。二〇一〇年四月二三日号では、髙嶋伸欣琉球大学名誉教授が四月一四日付の朝日新聞記事「中国艦隊通過　外洋進出に懸念」を取り上げた。政治面二段の記事で、リードは次のようだ。

潜水艦2隻を含む中国海軍の10隻の艦隊が沖縄半島と宮古島の公海を通過したことが13日、明らかになった。防衛省によると「異例の規模」で、中国海軍が外洋での活動を活発化させている現状を改めて浮き彫りにした。

最後はこういう文章で締めくくられている。

第1列島線（鹿児島、沖縄、台湾を結ぶ線――筆者注）と第2列島線（東京湾とグアムを結ぶ線――同）に挟まれた西太平洋の海域は、米海軍の空母機動部隊の活動海域。中国の潜水艦が進出することは、米軍にとって脅威になる可能性がある。

いかにも中国の軍事大国化は危険だとあおり、暗に沖縄海兵隊の必要性を訴える記事だ。
これに対し、髙嶋教授は「今や米国は日本よりも中国との関係を重視している。……艦船の中心に位置していた潜水艦が浮上航行したところに、中国側の配慮が読める。ボスポラス海峡のような領海であっても国際海峡とされて、外国船舶の通行を認められている場合、潜水艦は浮上航行が義務となる。今回は公海でその義務はないのに浮上して姿を晒したのだ」と指摘する。つまり、中国の「配慮」を全く真逆の「脅威」と脚色した記事、ということだ。防衛省が自分たちに都合よく発表した内容を、そのまま報じたのだろう。そしておそらくは同省の意図をわかっているにもかかわらずだ。これをミスリードと言わずして何と言おう。

同じ号で、共同通信記者の中嶋啓明氏は四月九日付の毎日新聞「論点欄」を俎上に乗せた。警察庁長官狙撃事件が時効を迎えた際、警視庁公安部が「捜査結果概要」を公表し、その中で「オウム真理教によるテロ」との見方を明らかにした。そのことについて三人の識者の見解を掲載したものだ。

中嶋氏は筆鋒鋭く批判する。

概要公表が、重大な権力犯罪であることは何度強調してもしすぎることはない。なのに『毎日新聞』は四月九日、紙面のほぼ一面を割いた企画記事「論点」で、概要公表を評価する大阪大学大学院の鈴木秀実教授の主張を載せた。「ジャーナリスト」の江川紹子氏は一応、警視庁を〝批判〟した。だが、その〝批判〟の根幹は「今回の発表をオウム側がどう利用するかを考えると、ますます不安が募る」とアレフを揶揄し、概要公表は「オウム」

に活動を活発化させる機会を与える「利敵行為」だと主張するものだ。問題の本質が分かっていない。この人にとって公安は「お仲間」で、叱咤激励する存在でしかないのだろう。「論点」に登場した〝識者〟ら三人のうち二人がこうなのだ。メディアの批判精神の劣化は度し難い。

後の一人は青山学院大法科大学院教授の新倉修氏で「不確かな捜査情報を開示するのは問題」と強調している。言うまでもなく、新倉氏の論点が最も正しい。「シロにはしたけど、本当はあいつが犯人」などと警察が公表していいはずはないのだ。ところが紙面のつくりは、上部が江川氏、その下の右側が鈴木氏、左側が新倉氏となっている。新聞づくりの常識として、これは、重要度の高さは「江川」「鈴木」「新倉」の順、ということだ。読者は自然にそう受け止めているだろう。

警視庁が公表したときの紙面は、さすがに批判一色だった。これは私の推測だが、「少しやりすぎた」と〝反省〟して警視庁寄りの「論点」をつくったのではないか。そう考えないとつじつまが合わないほど、おかしな紙面だ。どんなに「客観」を装っても、警視庁に助け船を出す記事でしかない。沖縄の普天間基地移設問題では、米国寄りにならない記事が目立つなど、朝日に比べ立ち位置がしっかりしている毎日だけに、残念でならない。

また、当局の発表をそのまま報じるのが「客観」であるという、とんでもない報道姿勢もみえる。たとえば二〇〇九年一二月、各新聞は一斉に「米軍普天間飛行場移設問題で、クリントン米国務長官が藤崎一郎駐米大使を呼び出した」と報じた。藤崎大使のコメントに基づく記事のようだ。

ところが、数日後、琉球新報がその事実を否定する記事を掲載した。クローリー米国務次官補（広報担当）が「藤崎大使のほうから訪れた」ことを明らかにしたのだ。どう考えても、藤崎大使が「基地問題を米国の要求通りに解決しないと日米同盟が危機的な状況になる」とのメッセージを日本国民に伝えるため、「呼びつけられた」というニュアンスで報道陣に話したとしか思えない。そして、それを真に受けた特派員が発言の裏をとることなく報じた。しかも事実関係が明らかになってからも頬かむりを続けたのだ。この例がいみじくも示すように、「客観」は一歩間違えると当局発表の垂れ流しにつながるのである。

では、「主観」とは何か。

主観というと、事実とは関係無しに論評を加えるような感覚がある。だが、新聞記者は評論家ではない。あくまでも事実の集積が分析や解説につながる。

十分な取材に基づき何がしかの価値判断をするとき働くのは、むしろ「直感」ではないかと考えている。もちろん、「神の啓示」という類ではない。さまざまな情報、データを脳にインプットすることによって、自然に言葉として紡がれる、それこそが「直感」であり、限りなく「真実」に近いと思うのだ。

将棋に強い人は無数の差し手が頭に入っている。だからこそ、「直感」が浮かんでくる。同じように、取材をすればするほど、勉強をすればするほど「直感」力は高まるのだ。

客観的記事とはとどのつまり、十分な取材も、それに基づいた直感も働かない、単なる「情報」にしかすぎないことが多い。およそ、ジャーナリズムとは縁遠いのである。

失敗⑧　主張しない

ある日、電車の中吊りを見て愕然とした。毎日新聞の広告で、そのキャッチコピーが「主張する新聞はいらない」だった。いい加減にしろと腹の中で怒鳴った。おそらく、憲法改正試案などを華々しくぶちあげる読売新聞を意識したのだろう。なるほど読売の方向性はおかしい。だが、それは政治的偏向が問題なのであって、新聞が「主張」するのは当然である。

ニューヨーク・タイムズやワシントン・ポストの方向性を全面的に支持するものではないが、国政選挙の際、与野党の政策をしっかり吟味し、どちらかに肩入れした記事を書くのは新聞ジャーナリズムとして当然だろう。〝是々非々〟などおためごかしにすぎない。

しかも、一方では巧みに政権寄りの紙面をつくったりしているのだ。二重に読者を騙していることになる。

戦後一貫して、日本の新聞では署名がなかった。毎日新聞が七四年、「記者の目」をつくったときは「画期的」として話題になった。

実は、当時、毎日新聞は実質的な倒産に追い込まれていた。労働組合も含め、社をあげて立ち上がらなければならなかった。そのときのキャッチフレーズが「開かれた新聞」だった。「開かれる」の中には、記者の顔、肉声を読者に見せるということも含まれており、それが「記者の目」につながったのだ。

その後、原則署名に踏み切ったのも、全国紙では毎日新聞が最初だった。社内では相当の反対論があった。主として現場記者からだった。チーム取材のときにどうするのか、危険性を伴うこともある、などがその理由だった。

だが、大半の記者は「自信がなかった」のだろう。署名である限り「客観」などと逃げられない。十分な取材、考察に基づき、きちんとした分析・解説記事を書かなければ読者から指弾される。当局の情報を垂れ流しているような記者にとって「署名」は負担だったのだ。

無意味な客観主義に毒され、分析、解説が新聞の生きる道であることを忘れた記者が数多くいたのである。

原口一博総務相が二〇一〇年一月、小沢一郎民主党幹事長をめぐる事件の報道に関し、情報源を「関係者によると」と表現しているのは不適切だと批判した。東京地検のリークを浮き彫りにしたかったのだろう。

大臣がこうした発言をするのは論外だが、多くの識者も「取材源の氏名をはっきり報じるべきだ」と主張する。しかし、内部告発者を守らざるをえないなど、匿名にすべきケースは多くある。だからこそ、記事の正確性を担保するために記者の署名が欠かせないのだ。

ここで、新聞がどうやってつくられるかについて、全国紙を例にとり、簡単に説明しよう。取材し記事を書くのは外勤記者である。担当により、社会部、政治部、経済部、外信部（国際部）などにわかれ、地方の記事は地方部所属の支局員が書く。支局はほぼ、県庁所在地にある。人数が多いのは社会部で、警視庁、裁判所、厚生労働省、文部科学省などに担当記者がはりついている。警視庁、裁判所はそれぞれ約一〇人という大所帯だ。その他に遊軍記者が二〇人前後おり、キャンペーンや大型企画は遊軍が中心になる。

政治部は永田町取材が主で、与党担当が一番、人数が多い。外務省などの記者クラブにも人を置く。経産省や経団連の記者クラブ詰めは経済部である。

その日の紙面は「交番会議」で決める。編集局次長（編集局長の補佐役）が司会し、各部の担当デスクが集まり、それぞれが出し合ったネタをもとに「どの記事を一面トップにするか」など議論をする。この会議は夕刊、朝刊のたびに開く。夕刊は二回、朝刊では原則として三回行う。締め切り時間に対応するためだ。夕刊は配達地域によって三つの版に分かれる。遠方に運ぶ新聞ほど締め切りが早い。たとえば群馬県に届く夕刊は午前一一時には作り終えているが、都内に行く新聞は正午過ぎまで記事が入る。

朝刊は夕刊のない地域（東北など）に配る早版のほか、一二版、一三版、一四版にわかれる。

都内に配られるのは一四版で、深夜零時過ぎのニュースまで入る。

テレビドラマなどに出てくる新聞記者は大体、事件・事故を追う社会部である。ときには、地方部記者や政治部記者が取り上げられることもあるが、いずれにしても外勤記者である。だが、新聞社には内勤記者がおり、この部署が極めて重要な仕事をしているのだ。

外勤記者は記事を書くと、それぞれの部のデスクに送る。デスクは追加取材を命じたり、原稿を手直しし、内勤部門の整理部に送る。整理記者は見出しをつけ、レイアウトを行う。だが、それだけではない。実は、記事の価値付けをする責任者はこの整理記者なのだ。

社会部デスクをしていたころ、私は何とか社会部の記事の扱いをよくしたかった。部員の努力に報いたいというのが人情だ。当然、政治部も経済部も同じことを考えている。だから、交番会議では、いかにこの記事にニュースバリューがあるか、あるいは特ダネであるかを強調する。言うまでもなく、大言壮語に近くなることもある。そこを冷静に判断するのが、交番会議に参加している整理本部の次長だ。常に客観的な意見をいう。それらを受け、最終的には編集局次長が判断する。

そこまで大きな記事でない場合も、社会部デスクが社会面のトップにしてくれとねじこんでも、「このニュースにはそれだけの価値がない」と整理部に却下されることはたびたびある。編集局中聞こえるような声で、各部のデスクと整理部員がやりあうなど日常茶飯事だ。こうした緊張感が価値付けを間違えない紙面をつくっていくのだ。

何十年も上記のようなシステムの中で侃々諤々の議論をし続けてきたのである。記事に対し遺漏のない価値付けをできるのは新聞だけといっても過言ではない。どこかが真似をしようとして真似できるものではないのだ。

体験を一つだけ披露しよう。ある日、社長が海外の要人と対談した。当番の局次長からは「これが一面のトップだから」というお達しが各部のデスクにあった。編集部全体が「今日の一面は決まり」という雰囲気で、どちらかといえばリラックスムードが漂っていた。

だが、どうしても納得できない。内容のある対談ならともかく、単に会っただけのことで、ニュースバリューがあるとは思えないのだ。いらいらしていたところに、社会部遊軍の記者が「話がある」と内線電話をかけてきた。遊軍の取材部屋に行くと、顔を真っ赤にして怒っている。

「こんなの新聞じゃないですよ。北村さんがデスクなのに見過ごすんですか。特ダネがあるから、これをトップにしてください」

社会部の中でも一、二の敏腕記者だった。それも単なる「半日早い」という類の特ダネではなく、社会性のあるネタを徹底した取材でモノにする記者だ。

「わかった」とは言ったものの、気が重かったのも事実だ。何しろ、社長の記事である。局次長がすんなりと受け入れてくれる可能性は極めて少ない。ここは当たって砕けるしかない。

「これをトップにしたら毎日新聞の評価が下がってしまう。社会部で特ダネを出すから頭を差し替えてください」

「そんなことを言っても無理だ」

いったんは引き下がり、また同じ交渉を繰り返す。三、四回しただろうか。ついに局次長は「わかった。オレにまかせろ」と折れた。結局、最終版（一四版）だけだったが、トップの記事は差し替えられた。


新聞は客観主義に毒されているといったが、価値付けによって、紙面全体としての「主観」は担保されてきたともいえる。ただ、上記のような腹の据わった編集局幹部が今もいるのか、その点は疑問だが。

失敗⑨　立ち位置の間違い

次に「中立・公正」とは何かについて考えてみたい。

新聞業界がいうところの「中立・公正」の概念は明らかに正鵠を射ていない。なぜなら、すべての立場の組織・人間を同一地平上に置いたうえでの「中立」や「公正」だからだ。

このテーマに触れるときは、いつも「やじろべえ」をたとえにしている。一方に多大な影響力をもった「権力」、一方に「社会的弱者」がいたとする。それぞれの主張を判断するとき、新聞がやじろべえの真ん中に立つことは「中立」だろうか。「公正」だろうか。決してそうではない。なぜなら、権力者と社会的弱者とでは重みが違うのだから、中央に立ったら、権力の乗った側がぐんと下がってしまうに決まっているのだ。

裁判員制度の是非が話題になったころ、「週刊金曜日」は反対の立場を鮮明にした。それについて複数の読者から批判をいただいた。「この問題は複雑で、さまざまな角度から検証しなくてはいけないのに、『金曜日』の主張は一方的すぎる」ということだった。私は次のようにお答えした。

「最高裁は多額の税金を使い、新聞などの媒体に広告を載せるなどしている。これに対し反対派の見解はなかなか市民に届かない。こうした実態がある以上、まずは反対派の主張に重点を置くことで初めてバランスがとれる。そのうえで是非を問うのがジャーナリズムの姿勢だ」

「金曜日」の立ち位置が間違っていなかったことは、その後の経緯からして明らかと思う。もちろん、場合によっては「権力」の主張が正しいことだってある。しかし、まずもって「弱者」に軸足を置いて初めて「中立・公正」がはかられるのは間違いない。

だが、現実の新聞はどうか。相変わらず、真の意味とはかけはなれた「中立」の立場に身をおき、現実には権力のお先棒を担いでいる。私は毎年、各新聞の元旦社説を分析しているが、今年の結果を以下のように「週刊金曜日」ホームページに書いた。

新聞の「社説」は読まれていない。三〇年の記者経験に基づき断言する。だが、その新聞社の立ち位置を知るには「社説」を読むのが手っ取り早い。本来、編集権は何ものからも自由であるべきだ。しかし遺憾ながら、ほとんどの新聞社では経営側が編集権を握っている。だから、企業として政治権力とどういう間合いをとろうとしているのかが、「社説」を読めば大体、わかるのである。

さて二〇一〇年元旦の「社説」。民主党政権の評価、とりわけ日米関係のあり方が中心になると予測していた。案の定、「提言する新聞」を標榜する『読売新聞』は、かなり露骨に鳩山連立政権をたたいた。「連立政権維持を優先する民主党の小沢幹事長らの思惑により、日米同盟の危機が指摘される事態になっている」と断じたうえで、「言うまでもなく、日米同盟は日本の安全保障の生命線だ」「それなのに、東アジア共同体構想を掲げ、米国離れを志向する鳩山首相の言動は極めて危うい」「米国との同盟関係を薄めて、対等な関係を築くというのは、現実的な選択ではない」とたたみかける。渡邉恒雄氏が率いる新聞社だから当然と言えば当然だが、次の文章にはさすがにぞっとした。「民主主義、人権尊重、思想・信条の自由という普遍的価値を共有するアメリカとの関係強化を、アジア・太平洋の平和と安定の基礎に置く視点が不可欠である」。これは、憲法の否定する集団的自衛権の行使を認め、米国の軍事的世界戦略に日本も積極的に加わるべきだという主張にほかならない。

『読売』のまえのめりに比べれば、『産経新聞』の「忘れてならないのは、日本の安全だ。

米軍の抑止力がこの国の平和と繁栄を維持してきた。その抑止力が損なわれた場合、空白が生ずる。乗じる勢力も出てくる」はまだ、穏やかな感じすらする（「論説委員長の「年のはじめに」）。

もっとも愕然としたのは、『朝日新聞』の「より大きな日米の物語を」と題した「社説」だ。「北朝鮮は核保有を宣言し、中国の軍事増強も懸念される。すぐに確かな地域安全保障の仕組みができる展望もない」とあれば、どう読んでも、アジア重視の鳩山外交に対する批判だ。そしてこんな一文が目に飛び込む。「『アジアかアメリカか』の二者択一さながらの問題提起は正しくない。むしろ日本の課題は、アジアのために米国との紐帯を役立てる外交力である」。いかにも〝朝日的〟なもってまわった言い方だが、要は、集団的自衛権の行使により米国と連携しアジアに対する軍事的プレゼンスをもとうということだ。「『朝日』の『読売』化」が言われて久しいが、ここまできたかの感がある。

『毎日新聞』は主張したいことがよくわからないので取り上げようがない。

全国紙の現状に寒々とする中で、『琉球新報』の「社説」は清々しかった。「核を持たない日本の安全を、米国が自国の核で保障するという考え方は、もっともらしく聞こえるが、核攻撃を誘発することにもなりかねない。ひとたび戦いが始まれば、間違いなく住民は巻き込まれる。被爆の惨劇が再来しない保証はどこにもないだろう」。その通りだ。主見出しは「軍の論理より　民の尊厳守る年」、サブ見出しは「犠牲の上に立つ『同盟』なし」

である。

どう考えても、日本は米国の「属国」である。そしてその日本にある米軍基地の七五％は沖縄に存在する。となれば、三者の関係は「米国＞日本＞沖縄」となり、新聞はまず沖縄の側に立つのが当然だ。しかし、読売ばかりか朝日までが、日米同盟強化最優先を唱えているのだ。この論調のどこが「公正」で「中立」なのか。

新聞は、大いに偏向して「弱者」の味方をすべきなのだ。

誤解四　「速報記事こそスクープ」

失敗⑩　スクープ

新聞社を離れて六年。記者が日々、鎬を削る〝特ダネ〟競争がいかに虚しく、しかも結果として新聞新生の足を引っ張っているかがはっきりと見える。毎日新聞に所属しているころからくだらないスクープ合戦に対し、自己批判を込めて苦言を呈してきたが、やはりどこかに身内意識があり、全否定にまでは至らなかった。だが、第三者の立場になり、しかも新聞を愛する身としては正面から弾劾すべきであると思い至った。

ほとんどの新聞記者は特ダネが紙価を高めると誤解してきた。言うまでもなく、真のスクープならその通りだ。さまざまな権力が隠蔽してきた事実を暴き、社会にとって貢献する記事が真のスクープである。しかし現実には、記憶に残るスクープはほとんどない。最近の新聞協会賞をみても、二〇〇四年度の北海道新聞「北海道警の裏金疑惑を追及した一連の報道」、二〇〇八年度の毎日新聞「アスベスト被害の情報公開と被害者救済に向けた一連の報道」などは特ダネに値するが、後は大したことのない〝スクープ〟が多い。特に二〇〇四年度の「UFJ、三菱東京と統合へ」の特報（日経）とか二〇〇五年度の「紀宮さま、婚約内定」の特報（朝日新聞）などは、一体、どこが協会賞に値するのか。こんなものは単に半日早い特ダネにすぎない。

報道しなければ市民・国民の目に触れることのない事実を発掘した記事こそが、市民・国民の〝知る権利〟に応えた記事である。〝一歩早い特ダネ〟は、どうせ時間がくれば明らかになる情報にすぎない。

はるか昔から言われてきた事実がある。

「家庭では一紙しかとっていないのだから、他の新聞より一日早い報道など意味がない。どうせテレビでも流すし」

誰が考えてもこれは正しい。しかも今はインターネット時代だ。ニュースサイトを利用すれば最新の情報はいつでも入手できる。

そこで現場では、こう語られるようになった。「確かに一歩早い報道はかつてほど意味をもたなくなった。でも、他社より先に情報をキャッチできるのは記者の力量が高いからで、そうした記者の存在が、結果的には質の高い紙面につながる」

この誤解に陥っている記者は多い。しかし、とってつけたような言い訳だ。なぜなら、「ひと足早く情報をつかむ」ための能力と、ジャーナリストとしての能力は一致しないからだ。

失敗⑪ 権力との癒着

エセ特ダネをものにするためには、たとえば事件報道では警察官や検察官と親しくなり、こっそりとネタを教えてもらわなければならない。もっとも簡単な方法はあの手この手で歓心を買うことだ。それにはまず相手の仕事に敬意を払う。だから優秀な事件記者といわれる記者の大半は〝警察ファミリー〟や〝検察ファミリー〟と化す。この時点ですでにジャーナリストとしての立ち位置を見失っていると言えよう。

六三頁でも触れたが、二〇〇九年から二〇一〇年にかけ、民主党の小沢一郎幹事長をめぐる事件が世上をにぎわした。事案を分析すれば、石川知裕衆議院議員の逮捕すら東京地検特捜部の勇み足である。だが、新聞・テレビは「小沢悪者論」のニュースを流し続けた。検察ファミリー記者が書いているのだから当然だ。もし地検批判の記事など書けば、ネタをもらえず特ダネは書けない。何よりも現場記者はそのことを恐れている。

元共同通信記者のジャーナリスト、青木理氏はこう書く。

大手紙の司法担当デスクはこう言う。「いつもに比べて検察からのリークが明らかに露骨で、検察しか知り得ない被疑者の供述内容や押収物の情報が盛んに流れ出ている。世論とメディアを味方につけたいという検察側の意思をプンプン感じます」。検察担当記者は「上層部の意向に従ってメディアが在宅起訴を既定路線であるかのように報じると、事案の悪質性を強調するようなリークが捜査現場周辺から飛び出す感じだった。検察内部でもさまざまな軋轢が起きていました」と打ち明け、別の検察担当記者はこう嘆息した。「そうした検察内部の思惑や軋轢を突っ込んで記事にしようとしたのですが、検察上層部から〝小沢氏と真正面からぶつかっている最中にそんなことを書かれれば検察全体の士気にかかわる〟とストップがかかり、社の判断でボツにされてしまいました」（「週刊金曜日」二〇一〇年一月二二日号）

小沢事件報道が端的に示すように、無意味な特ダネは当局との〝癒着関係〟が基盤になる。権力批判という、新聞記者にとって基本となる任務とは正反対の〝仕事〟をしているのだ。かように言い切れば現場記者からは反発が起きるだろう。「われわれの取材は当局相手だけではない」と。確かに、私自身、何度もいわゆる〝大事件〟の取材にかかわったが、地道に関係者への聞き取りを行い、それを積み上げていく。警察官や検察官への夜回りで簡単に情報をつかめるほど甘い世界ではない。

しかし、家宅捜査や取り調べといった強制捜査の権限をもたない新聞記者の取材には限界がある。まして、いったん容疑者が逮捕されてしまえば本人への直接取材は不可能だ。

結局、どれだけ周辺取材を重ねようが、そこから得られた〝事実〟が正しいかどうかは当局に当てるしかない。特ダネをとるには、最終的には親しい警察官や検察官がいるかいないかがポイントになる。

だから、新聞社内で〝能力のある特ダネ記者〟の称号を与えられるのは当局にディープスロート（情報源）を持っている記者であり、その〝能力〟とは「当局の歓心を買うこと」に置き換えられる。これが実態なのだ。

いまの〝特ダネ記者〟はジャーナリズムにとってはむしろ害悪の存在である。理由はこうだ。

① 取材現場の特ダネが実は報道として無意味だったり、場合によっては必要以上に派手に扱われたり、さらにはリークによってミスリードにすらなる。
② 力量のある記者がくだらないスクープ競争に狩り出されることで、本当の特ダネを取材するパワーが削がれる。

実のところ、記者出身の経営ボードの中には、上述のようなことを認識し、「何とかしなくては」と考えている人もいる。そこで「調査報道の重要性」が強調されたりもする。だが、考えてみればおかしい。もともとほとんどの新聞記事は調査報道に基づくものだ。発表記事の垂れ流しが論外なのである。

米国では調査報道の全国網がすでに誕生している。

「Center for Public Integrity」（ＣＰＩ）は非営利の民間調査報道組織だ。一九八九年に創立されて以来、「ジャーナリズムの実験」に賛同する財団や個人の寄付金で運営されている。人員は、記者とデータ分析の専門家を合わせて約三〇人。「週刊金曜日」ほどの規模だが、たとえばイラクとアフガニスタンにおける米政府の請負業者らに関する調査報道のためには、半年の間に二〇人のスタッフを惜しみなく投入する」〔チャールズ・ルイス〔Charles Lewis〕アメリカン大学大学院「調査報道ワークショップ」担当教授による、日本記者クラブ主催のシリーズ研究会「世界の新聞・メディア」第三回〔二〇〇九年一二月一一日〕での発言。日本記者クラブチャンネル〔http://www.youtube.com/user/jnpc#p/u/14/s_Bsf0nSmTc〕参照〕。他にもイラク戦争に関しては、前ブッシュ政権高官の一年間の発言を分析して、発言の中に九三五回のうそがあったことを突き止め、世界中に配信した（東京新聞二〇〇九年八月一六日付）話が有名だ。このＣＰＩの呼びかけで、二〇〇九年の七月には全米に散らばる大小の調査報道グループ二七組織が一堂に会し、ネットワーク形成や情報交換、組織の運営面での協力に合意している。「われわれは小さな存在だが、狙いを絞ればいい報道ができる。人々はいつでも質の高い報道を求めている」――CPIのゴードン・ウィトキン（Gordon Witkin）編集長の言葉（前掲新聞、二〇〇九年八月一六日付）だ。

実際、純粋な調査報道による特ダネは読者の心をつかむ。そして、そうした事実を発掘する力を誰よりも持っているのは新聞記者なのである。

「他紙より一日早い記事こそスクープ」という愚にもつかない誤解から解き放たれれば、本来のジャーナリストとしての力を持っている記者は目覚めるはずだし、それが新聞〝新生〟につながるのは間違いない。

誤解五「記者クラブは諸悪の根源」

失敗⑫ 特権に「あぐら」

ところで、害悪でしかない〝特ダネ〟や、権力のプロパガンダに利用されるリークを生み出す諸悪の根源は記者クラブだ、とよく言われる。これは一部のメディア学者や評論家、あるいは多くの市民の誤解である。責められるべきは記者クラブに所属する記者であって、記者クラブという制度ではない。

記者クラブ廃止論はとんでもない暴論だ。そもそも記者クラブの存在意義は「権力の監視」にある。かつて厚生省（現厚生労働省）の記者クラブに在籍していたが、官僚が市民・国民にとってよからぬ政策を企んでいる時は省内を回れば〝匂い〟で気づいた。その直感に基づいて取材をし、悪事を暴露するのが記者の役目だ。クラブがなくなれば、こうした取材が不可能になる。

官僚は記者クラブがあることで記者を操れる。だからクラブ廃止には反対している――。こう考えている方も多いと思われる。だが、それは事実誤認だ。官僚は庁舎内を記者に歩き回られるのが目障りで仕方ない。私の体験上、断言できる。彼ら、彼女らにとっての理想は、庁舎外での会見を定例化することだ。そうすれば庁舎を記者に荒らされることはない。そして一方で、役立ちそうな記者を物色し、呼びつけてリークすればいいのだ。目の前にぶら下げられたエサにパクっと食いつくどうしようもない記者はいくらでもいる。

「一歩先んじた特ダネ」が新聞社内でもてはやされなくなれば、記者クラブ所属記者の質も変わっていくだろう。真のスクープは権力の悪事を暴くことであり、そうした記事が顕彰される。このような環境になれば、記者は記者クラブを利用し、官僚や省庁のスキャンダル（公憤）に斬り込んでいくはずだ。

たとえが適切でないのは承知のうえで、あえて言う。〝不当逮捕や冤罪が続出し腐敗しきっているから警察制度そのものをなくしてしまえ〟と主張するだろうか。問題は制度ではなく、そこに所属する警察官僚の〝質〟である。もちろん〝質〟を劣化させるシステムの問題もあろう。しかし、その場合のシステムと本質的な制度自体をごちゃまぜにしてはだめだ。

ただし、記者クラブの〝開放〟は徹底的、すみやかに進めなくてはならない。

二〇一〇年三月、新聞労連は「記者会見の全面開放宣言〜記者クラブ改革へ踏み出そう〜」を公表した。一つのきっかけは二〇〇九年の政権交代だ。

民主党連立政権は、一応、会見をオープンにする姿勢をみせている。亀井静香郵政・金融大臣、岡田克也外務大臣が先鞭を切り、記者クラブ員以外にも大臣会見を行うことになった。「週刊金曜日」の編集者も会見に出席している。首相会見も二〇一〇年四月に〝開放〟されたが、こちらは極めて不十分だ。いくつもの条件があり、雑誌協会に加盟していない雑誌記者や、一般のフリーランス記者は事実上、〝門前払い〟されている。とはいえ、自民党政権時代に比べれば前進には違いない。

こうした新政権の姿勢は、一方で記者クラブの閉鎖性を浮き彫りにした。知人の全国紙記者が明かす。

「亀井氏や岡田氏への記者クラブの反発はすごかった。何で、わけのわからない雑誌記者やフリーランスを入れるのかと。そこで亀井氏は、記者クラブ会見とフリー記者会見を分けて行った。ところが、タテマエの質問が多いクラブ会見より、フリー記者会見のほうが大臣の重大発言がぽろっと出たりする。クラブ記者は大慌てでした」

「首相会見があれだけ条件を厳しくして、ほとんどフリー記者が入れなくなったのも、官邸が内閣記者クラブを慮ってのことです」

田中康夫長野県知事（当時）が県庁記者クラブを廃止したときと同様、「閉鎖性の中で腐敗した記者クラブ」が白日の下にさらされつつある。その危機に基づいた新聞労連の宣言は以下の通りだ。

【総論・前文】

「新聞の危機」が拡大しています。インターネットの隆盛やメディアの多様化で新聞の土台は大きく揺さぶられ、不況による売り上げ減、読者離れや新聞不信が根深くなっています。しかし、危機の時代にあっても、市民の知る権利に奉仕し、権力を監視する新聞ジャーナリズムの意義はいささかも薄れてはいません。むしろ逆境にいるからこそ、後ろ向きにならず、改革すべきところは改革し、新聞再生に努めることが求められています。日本新聞労働組合連合（新聞労連）新聞研究部はこのため、閉鎖的・排他的であるとの批判に長くさらされてきた記者クラブの改革を率先して進め、まずは記者会見の全面開放に向けて努力することを宣言します。

記者会見については、昨年（2009年）9月の民主、社民、国民新の3党による連立政権の発足後、外務省や総務省などの省庁で「大臣会見のオープン化」が広がっています。本来ならば記者クラブ側が主体的に会見のオープン化を実現すべきでしたが、公権力が主導する形で開放されたのは、残念であると言わざるをえません。さらに、政府の動きに比べて、記者クラブ側は総じて積極的に素早く対応しているとは言えません。一般市民、記者クラブに加入していないメディアやジャーナリストからみて、記者クラブ、ひいては私たち新聞人自身が開放に抵抗していないか、問いかけなければなりません。

記者クラブに対しては、「権力との癒着の温床」「発表ジャーナリズムへの堕落」などの批判も向けられてきました。そればかりか、インターネットによって情報を発信したり受け取ったりする手段が発達したことに伴い、記者クラブの存在自体がその閉鎖性・排他性によって報道の多様性を阻害しているとの批判も強まっています。多様な価値観を認め合う豊かな民主主義社会を築くためには報道の多様性が不可欠な条件であるにもかかわらず、その阻害要因とみられているのです。

新聞労連は1994年に「提言　記者クラブ改革」、2002年に「21世紀の記者クラブ改革にあたって――私たちはこう考える」を発表し、いずれにおいても記者会見と記者クラブのオープン化を掲げました。今、求められているのは、批判に謙虚に耳を傾け、94年、02年の提言を踏まえて、いかに実行に移すかということです。

まず、記者クラブに所属していない取材者にとってニーズが強く、記者クラブ側にとっても取り組みやすいと思われる記者会見の全面開放をただちに進めることから始めましょう。私たちはそのことが、より実効性のある記者クラブ改革につながると考えています。

そもそも報道の自由は知る権利に奉仕するためにあり、市民の信頼があって初めて成り立ちます。市民の信頼がなければ、公権力による報道規制や表現の自由を制約する動きに対抗することもできません。記者会見や記者クラブの開放によって広く市民の信頼を勝ち取ることは、権力監視のために独立した公共性の高い新聞ジャーナリズムを支える基盤になると考えます。

私たち新聞人一人ひとりがジャーナリスト個人としてのあり方を見つめ直すことが重要であることを確認したうえで、確実に記者クラブ改革を実行するための手引きを提示します。

【実行のための手引き】

①記者会見への参加を拒んでいませんか？

記者クラブに所属していない取材者から「記者会見に出席したい」と言われた経験はありませんか？　記者会見は広く市民の知る権利に応えるのが目的です。記者クラブへの加盟いかんに関係なく、知る権利に奉仕する限り、すべての取材者に開放されるべきです。どのような記者会見でも、すべての取材者が出席できるよう努めましょう。

②記者会見の開放に抵抗していませんか？

２００９年の政権交代後の外務省や総務省などの大臣会見に代表されるように、公権力側が記者クラブに記者会見の開放を打診するケースがみられます。そもそも記者クラブ側から先に開放するべきですが、結果的に公権力側からの開放要請を受けた際、記者クラブが自ら記者会見への参加に条件や基準を設けてハードルを上げていませんか？　記者クラブが市民の知る権利を阻んでいるとみられかねません。全面的に開放するよう努め、公権力側から条件設定の要請があったとしても断りましょう。

③記者クラブ員以外の質問を阻んでいませんか？

記者クラブに所属していない取材者が記者会見に参加した際、記者クラブ側が質問の機会を不当に奪ったり、制限したりしていませんか？　原則として質問をする機会はすべての取材者に与えられるべきです。公権力側が特定の取材者にだけ質問を認めたり、一方的に会見を打ち切ったりするなど、恣意的な運用をした場合は抗議しましょう。

④記者クラブへの加入を阻んでいませんか？

記者クラブへの加入に際し、「日本新聞協会加盟社の記者であること」「会員の推薦が必要」といった条件を設けるなどして門前払いをしていませんか？　雑誌やフリーランス、ネットメディア、海外メディアなどの取材者にも原則的にオープンでなければなりません。なお、記者クラブの幹事業務は平等負担が原則ですが、業務の完全遂行が難しい取材者の負担には配慮するよう努めましょう。

⑤記者クラブ内で不当な制裁を科していませんか？

「黒板協定」（しばり）の解禁を破ったことなどを理由として、記者クラブからの除名、記者会見や取材センター（記者室）への出入り禁止、謝罪文の提出といった処分や処罰を行っていませんか？　そもそも自由な報道を規制するような協定はなくすべきですし、取材者同士で制裁を科し合うことは、知る権利に奉仕するという本来の役割を記者クラブ自らが放棄することになりかねません。不適切な制裁は取りやめるとともに、例えば公権力への単独取材を不当に阻むなど、記者クラブの慣例的ルールや横並び意識などにより、取材や報道の自由を妨害するようなこともやめましょう。

⑥取材センターに開放スペースがありますか？

取材センター内に、記者クラブ員が専有しているスペースのほか、記者クラブに所属していない取材者がいつでも自由に使えるスペースを用意していますか？　取材センターは公権力を内側から監視するための公共のスペースであり、記者クラブへの加入いかんに関係なく、広く取材者に開放されるべきです。スペースに限りがある場合などは、公権力側にスペースの拡大を要請したり、記者クラブ員の専有スペースを縮小したりするなど、改善に努めましょう。

⑦取材センターの経費負担に努めていますか？

取材センターを維持するために必要な経費を、公権力側と記者クラブ側がどのように分担しているか知っていますか？　取材センターは公共のスペースですが、取材者が使用する電話代やコピー代などの実費は取材者が支払うべきです。取材センターの維持経費にかかわるすべての収支の公開に努めましょう。

⑧まずは規約を読み、議論してみませんか？

記者クラブには、それぞれ規約がありますが、一度でも読んだことがありますか？　規約は記者クラブによって異なりますが、目的や幹事業務の内容のほか、記者クラブへの加入条件や黒板協定、罰則、記者クラブ員が取材センターを優先的に利用する権利といった項目が明記されています。記者会見や記者クラブ、取材センターを広く開放することは、取材者間の健全な競争や報道の多様性を確保し、市民の信頼を高めるうえで極めて重要な意味を持ちます。一連の改革に向け、まずは規約を手に取り、見直しについて議論することから始めてみませんか？

私自身、毎日新聞労組委員長、新聞労連委員長時代を含め、何度か記者クラブ問題に取り組んだ。その都度「開放」を主張し続けた。残念ながら現場での変革には結びつかなかったが、個人的にはできるだけ「開放」に努めた。

たとえば厚生省（現厚生労働省）記者クラブにいた際、ちょうど、「エイズ患者第一号」が発生したときで、何人かの雑誌記者やフリーランスが記者会見参加を求めてきた。毎回とはいかなかったが、時おり「毎日新聞社の記者だ」と言って、潜り込ませた。クラブ総会で「開放しよう」と言っても賛同は得られず、そのぐらいしか手がなかったのだ。

今回の宣言で感心したのは、「実行のための手引き」がついていることだ。これを読み、一人でも二人でも立ち上げる記者の出ることを望みたい。

さらに言えば、力のある新聞記者は仮に週刊誌やフリーの記者にクラブをオープンしても、引けを取るはずがない。特化した取材活動をクラブでしているのだから当然だろう。そこで負けるようなら、この業界から足を洗うべきだ。

そして、市民・国民の信頼を得られるニュースを提供し続ければ、税金を使った「記者室」の大半を占有するという「特権」も認められるようになるはずだ。ジャーナリズムの責務を果たすどころか、権力のお先棒を担いだうえに「特権」にあぐらをかいてきたからこそ、激しい批判を浴びているのである。単に「既得権を手放さないマスメディアへの批判」と記者クラブをとらえているとしたら、それもまた新聞業界の大いなる誤解だ。

誤解六 「新聞は権力ではない」

失敗⑬ 〝権力者〟としての意識がない

マスコミが第四の権力と言われて久しい。そこには批判的な意味合いが込められている。一方、多くの新聞人は「自分たちは権力ではない」と言ってのける。だが、私は権力であるべきだと思う。

そして、新聞は「第四の権力」ではなく「第五の権力」である。立法、司法、行政がいわゆる三つの権力で、本来、互いに牽制し合うべき関係だ。だが、いつしか「分立」ではなく癒着が生まれ、さらにそこに第四の権力として財界が加わるという構図が生まれてしまった。

新聞を含むマスコミは、これら四つの権力を監視すべき第五の権力になるべきなのだ。なぜなら、強大な権力と対峙するには、自らも権力を持たねばならないからだ。その覚悟もなしに四つの権力と戦うことなどできるはずもない。

しかし、かなりまともな新聞記者の中にも「われわれは権力者ではない」と主張する人がいる。「権力」という言葉へのアレルギーがあるのだろう。このような記者はまだ許せる。実際の記者活動で反権力を貫くならそれでいいからだ。

問題なのは「権力ではない」を逃げ口上に使うタイプだ。実際、権力との対峙には強靭な精神力が必要となる。誰でも逃げ出したくなる時もある。まして、もともとジャーナリストに向かない記者に度胸のあるはずもない。そこで彼ら、彼女らは「新聞は第四の権力なんかじゃない」と斜に構えてみせるのだ。

しかも、こういうタイプの記者に限って権力側にすり寄る。何のことはない。権力と癒着するのである。

そもそもすべての省庁や都道府県、県警に記者クラブを持ち、合計すれば数千万部の新聞を発行し、世論に大きな影響力をもつ業界が権力でないはずがない。そんなおためごかしは通用しないのだ。

「新聞は権力ではない」と考えている記者は一刻も早くその誤解から抜け出るべきだ。そして「何のための、誰のための権力か」について思いを馳せなくてはならない。ジャーナリストの力はあくまでも社会的弱者のために発揮されねばならない。だからこそ、その力は強くなければならないのだ。

バカらしい例えをしてみよう。もしウルトラマンやスーパーマンが非力だったらどうだろうか――。正義の味方として悪と戦うことなどできない。地球の平和も守れないだろう。

ただし、「権力は常に腐敗する」はすべての権力に当てはまる。新聞とて例外ではない。なぜ腐敗するのか。最大の理由は「既得権を守ろうとする」ことにあるだろう。蜜の味は甘い。一度、手にした蜜を手放したくない一心で保守化し、権力亡者になる。

その落とし穴を回避するのに重要な概念は「ノーブレス・オブリージュ」(nobless oblige フランス語で「高貴なる義務」)だ。力ある者ほど倫理観が強くなくてはならない。絶えず、この言葉を自らに言い聞かせる必要がある。

もう一点、権力を持つことの「恐怖」に敏感にならなければならない。

リクルート事件と言えば、典型的な調査報道として語られてきた。捜査当局が捜査を断念した事件を朝日新聞川崎支局の記者がたんねんに追い続け、ついに竹下登政権の崩壊にまで追い込んだ――と長らく私も思っていた。同様のキャンペーンをしたいと、常に考えてもいた。

ところが、二〇〇九年に刊行された『リクルート事件・江副浩正の真実』(江副浩正、中央公論新社）を読んで愕然とした。江副氏の主張が正しければ、冤罪であるだけではなく、マスコミと東京地検が二人三脚で作り上げた「架空の事件」ということになる。

もちろん、この本に書かれた内容がすべて真実だと断定はできない。しかし、江副氏が都合のいいことだけを語っているとは思えない。説得力があるのだ。

権力は、使いようによっては社会をよりよい方向にもっていけるが、一つ間違えると凶器になる。自分では「正しく権力を使っている」と確信しても、現実には凶器になることがある。これは恐怖だ。そして、絶えずこの恐怖感を持ち続けることがジャーナリストには欠かせない。

最後に、一点つけ加えておく。権力ではないという顔をしながら権力にすり寄る記者は、一刻も早く新聞社を辞めるべきだ。こういう記者の存在は罪悪である。

第3章

提言

――新聞新生のために

新聞〝新生〟への道

新聞はどうすれば新生するのか――。

二〇〇九年一一月末、毎日新聞と共同通信が共同会見を行った。

骨子は「株式会社毎日新聞社（代表取締役社長・朝比奈豊）と社団法人共同通信社（社長・石川聰）、さらに共同通信社加盟社は一一月二六日、新しいメディアを構築するためのパートナーとして、今後さまざまな協力関係を強化していくことで同意した」であった。

「提携のねらい」について両社は以下のように述べた。

メディアの基本は読者である国民に正確なニュースを伝え、さまざまな問題を提起し、さらに役に立つ情報を提供することである。取材範囲も、読者への情報の伝え方もそれぞれに違う三者が力強い連合体を形成することで、この「基本」を新しい時代に即して具現し、メディアの中での存在感をより確かなものにしていく。全国紙、通信社、各都道府県を拠点とする新聞社という三者の連携により、我々が抱える発行部数は三〇〇〇万部を超える。取材の重なる部分を互いに補完し合うとともに、それぞれの特長を生かしながら「取材力」の充実はもとより、「営業力」の強化も図り、総合的な「新聞力」向上を目指す。今回の三者の連携は、同業種ではあるが、同業態の連帯ではなく、メディアの新しい方向を示すものになると信じている。一〇月の新聞大会でテーマとなった「新聞再構築への挑戦」にもつながると考える。

具体的な取り組みとして挙げられたのは次の四点だ。

① 毎日新聞社が二〇一〇年四月一日、共同通信社に加盟する。
② 紙面について三者間によるキャンペーンの展開やシンポジウムの開催、各社の論説委員による対談、また紙面内容についてチェックしてもらう外部の第三者機関の議論の場を合同開催するなど、これまでにない試みや協力を進める。
③ 毎日新聞社は共同通信社加盟社と協議の上、地域面の記事配信で協力を進める。
④ スポーツ事業や文化・展覧会事業の共催など三者間で事業面の協力を進める。

さらに「今後のテーマ」として、「事業協力、紙面協力のほか、東京における毎日新聞社と共同通信社の航空取材の連携、紙面制作システム、新聞の印刷委託、新聞販売網の効率化などを進める」がつけ加えられた。

また毎日新聞は「調査報道は毎日新聞社の真骨頂であると言え、今回の連携を踏まえ、さらに取材力を生かした報道を進め、『新聞の力』を世の中に訴えていきたい」と抱負を述べた。

共同通信も「アジアを代表する国際総合通信社として取材力を一層強化するとともに、全国紙との新たな提携により、二一世紀にふさわしい新たな報道分野を切り開いていきたい」と意気込みをみせた。

両社の発表だけをみれば、いいことづくめだ。だが、実は毎日新聞と共同通信の提携は「敗者連合」の意味合いがあった。

二〇〇八年、朝日・読売・日経の三社はＡＮＹ連合をつくった。印刷、配送などで連携をすることにより、コスト削減を実現しようとの狙いだ。三社は毎日新聞にも「ＭＡＮＹ」にしようと声をかけたと言われる。だが、関係者の話を総合すると、積極的な呼びかけではなく、当時は北村正任毎日新聞社長が新聞協会会長だったこともあり、形式上、礼を尽くしたという程度だったようだ。

そもそもＡＮＹの真の目的は毎日・産経潰しにあるとみられる。私が新聞労連委員長だった一九九六年当時、朝日新聞販売局幹部から驚くべきことを聞かされた。

「朝日と読売の販売担当者が極秘会議を開き、毎日が倒産した場合、その部数を背負えるか話し合った。結論は大丈夫ということだった」

一九七七年に毎日が事実上の倒産をした時は、朝日が支援に回った。自民党・福田派の要請もあったと言われるが、それよりも毎日の四〇〇万部（当事）をとても引き受けられないという事情があった。市場の大混乱は避けられず、そうなれば朝日にも何らかの災厄が生じるかもしれないとの判断だった。

それが二〇年後の九六年には「毎日がなくなっても大丈夫」と変化したのだ。毎日の部数が減少したことで、同社の販売店の力が落ちていることが主な理由だったとされる。そして二〇〇八年。業界全体が右肩下がりになる中で、ANY連合は毎日・産経の負け組に引導を渡そうとしたのである。

共同通信も、地方紙の業績不振とともに経営は悪化し続けている。しかもANY連合が進展し、海外特派員の共有化などが実現すれば通信社機能を奪われることもありうる。

そこで毎日・共同の連携が生まれた、というより、そうするしか道がなかったというほうが正確だろう。

だが、提携会見は地方紙への根回しが十分に行われないまま開かれた。さらに、電通にもきちんとした事前説明がされていなかったといわれる。当然、各方面からブーイングが起き、結局「地方紙を含めての包括的契約ではない」と訂正するお粗末ぶりだった。この責任をとり、共同の石川社長は三カ月間五〇％の減給処分を受けることになった。

おそらく二社の提携はスムーズにいかないとみられる。となると、毎日は共同への加盟料(約二〇億円といわれる)だけが重荷になってくる。経営的にはますます深刻な事態となろう。

上述したケースだけではなく、新聞社間の提携は一種のブームとなっている。多くは印刷や配送での協力関係だ。いずれもコスト削減が目的である。

七〇年代のころ、大阪の夕刊紙に「三菱銀行と住友銀行が合併か」（銀行名は違っているかもしれないが）という見出しが躍っているのを見て、ふき出した。「宇宙人の死体見つかる」と同じノリだった。だが、バブル崩壊後、現実になった。一〇年前「朝日と読売が提携」は冗談の世界でしかなかった。それがいまやすべての新聞社がなりふり構わず提携に走っている。正直、悪夢を見ている感じだ。

多少コストを減らしたところで新聞が新生するはずもない。理由は以下の通りだ。

① 旧態依然たるビジネスモデルを前提にしている。
② 経営合理化は人件費削減につながり、結果として優秀な人材の流出を招く。
③ 新聞業界全体の覚醒をめざした提携ではなく、もたれ合いにすぎない。つまり、覚醒時期を遅らせることになる——。

新聞の新生とは、一〇年前や二〇年前に戻ることではない。本来あるべきジャーナリズム性を具現化することこそ求められているのだ。そこで私なりの提言をしてみたい。

職業意識に目覚めよ

「職業としての政治」で、マックス・ウェーバーは、政治家に必要な要素として「情熱、責任感、判断力」をあげた。では、ジャーナリストに求められるものは何か。この三要素は変わらない。そして、そこに加えるべきは「正義感」である。

情熱

新聞記者は決して、楽な仕事ではない。土曜、日曜もなく働かなくてはならないこともある。「命の危険はありますか」と聞かれることが多いが、戦争報道以外には、そこまでの危険はないと言っていいだろう。実際、新聞記者がテロで殺害されたのは一九八七年の朝日新聞・阪神支局襲撃事件くらいだ。だが、まったく危険性がないわけではない。災害取材で命を落とす新聞記者はいる。銀行や商社に勤めるよりは、殉職の可能性があるのも確かだ。

また、あらゆる仕事にはストレスがつきものだが、睡眠時間を削られる新聞記者は特にストレスが多く、先輩記者や同僚記者が若くしてガン死するケースは後を絶たない。離婚が目立つのも不規則な生活が一因だろう。

このような仕事に就くには、どうしても情熱が欠かせない。情熱こそがどんな苦労でも乗り越えるバネになるからだ。

ただし、情熱の「質」を問わなければならない。単に〝ゲーム〟に勝ちたいという情熱では話にならない。特ダネ競争とは一種のゲームである。そして、多くの記者はそのゲームに勝つために情熱を燃やしている。これは全く意味がない。「何事も努力することに価値がある」と言う人もいるが、間違っている。たとえば、戦争に行ったら「努力して一人でも多くの敵兵を殺す」ことに情熱を燃やすのは善なのか。くだらない特ダネ競争にうつつを抜かすことは、結局、読者のためにも社会のためにもならないのだから、戦場での手柄と同一である。

求められる「情熱」とは、社会変革や権力批判を目的とする報道への熱情である。そして、言うまでもなく、こうした目的に向かって邁進すれば、それだけ休まずに働く場面が増えるし、場合によっては、命を狙われることもあろう。しかし情熱は「覚悟」を伴走する。いい意味の開き直りが情熱が生んでくれるのだ。

「新聞記者になりたいのだが」と大学生に相談されることがよくある。「彼、彼女なら大丈夫だろう」と直感でわかるときがある。情熱を感じさせるときだ。熱い何かがほとばしってくるのだ。逆に、情熱を感じさせないタイプは新聞記者には向かない。「絶対成し遂げる」という意志が情熱であり、その意志が、新聞記者にとっては何よりも必要なのだ。

責任感

新聞記者は誰に対して何に対して責任を負うのか。上司に命じられたことをきちんとこなせば責任を果たしたことになるのか。部数増に貢献し、社業にプラスとなる仕事をすればそれが責任を果たしたことになるのか。いずれも違う。ジャーナリストは社会に対して責任を負っているのだ。

社会部で遊軍長をしている一九九五年、新年企画で開催準備の進む長野五輪（一九九八年二月開催）のスキャンダルを取り上げようとした。元旦の一面トップ、社会面トップを飾る記事だ。この年（一九九五年）は一年を通じて地方自治体のあり方を問うキャンペーンを予定していた。その第一弾の記事である。遊軍の中でも腕利きの記者を担当にし、気合いを入れて準備していた。

ところが、なぜか社内ではおかしな雰囲気が漂っていた。編集局の幹部から「ニュースバリューがないのでは」「他にふさわしい記事があるだろう」という声が漏れ始めたのだ。

理由はほどなくはっきりした。電通からクレームが入ったのだ。

長野五輪は電通にとっては収益を上げるための一大イベントである。三年後に迫ったその五輪の闇の部分を元旦号で取り上げられたのでは水を差されることになる。「とんでもない」といきりたったようだ。

電通のクレームはわからないでもない。それでなくても広告をとれずに四苦八苦している毎日新聞を長年のつき合いから助けてあげているのに、「飼い犬に手をかまれた」と思ったのだろう。むしろ私が怒りあきれたのは、記事のことを電通にリークする人間が社内にいたという事実のほうだ。

新聞記者になった以上、一度は元旦一面トップの記事を書きたいと思う。それくらい重みのある記事を事前に漏らすなど、およそありえないことだ。どうせ「また社会部がとんでもないことを紙面にしようとしています」と忠臣ぶって電通にご注進した輩がいたのだろう。しかし、それもまた心の片隅では「仕方ないか」と思わないでもなかった。広告担当者にしてみれば電通は唯一無二と言ってもいいほどの大スポンサー。何はさておき大切にしなくてはならない存在だ。

しかし、電通に文句を言われたからといっておじげづく編集局幹部は救いようがない。「一体、あなたは誰に対し責任を負っているのか」と、〝犯人〟がわかればどなりつけたい気分だった。

結局、いろいろすったもんだはあったが、長野五輪スキャンダルは紙面に載った。もしボツになるようなことがあれば辞表をたたきつけようと思っていただけに、本音を言えば、ホッとした。

なぜ私たちは長野五輪をとりあげたのか、それは金まみれの祭典だったからだ。つまり、税金の無駄づかいであり、一部企業にのみ利益をもたらすことに他ならないからだ。こうした事実を浮き彫りにし警鐘を鳴らすのは、まさにジャーナリストの責務である。もしそれが毎日新聞という一企業の利益のためにつぶされたとすれば〝ジャーナリズムの死〟としか言いようがない。

長野五輪のエピソードは一五年前のことだが、実はその前後にもジャーナリズムとしての責任を忘却したかのような事案を何度か体験している。

入社当時の話を一つだけしておこう。三和銀行の社員による多額横領事件を大阪本社社会部がつかんだ。記事にするかどうか、社内では侃々諤々の議論があった。三和銀行はメインバンクだ。当時、毎日新聞は事実上の倒産状態でメインバンクからは相当の借り入れがあった。その銀行のスキャンダルをスクープすれば、関係悪化は避けられない。

最終的には社会面の二番手の記事として掲載された。苦肉の策だったのだろう。後に、当時、大阪編集局の幹部だった先輩からこんな話を聞いた。

「(銀行や本社の経営陣から)圧力はあったが、何とか記事にした。精一杯、やれることはやったんだ」

だが、客観的にみれば、最悪の選択だった。本来なら、一面トップの大特ダネだ。当然、他の新聞社やテレビ局は大々的に扱った。毎日新聞も続報からはその流れに乗らざるをえない。となれば、第一報の不自然さは明らかで、「毎日新聞は銀行の圧力に屈した」というイメージができあがってしまった。

新聞は読者に責任を負っている、ということをしっかり認識していれば、毅然とした態度をとれたはずだ。たとえ、メインバンクとの関係がこじれたとしても、はっきり言って、どうってことはない。銀行にしたって自社のスキャンダルをもみ消そうというやましさがある。「ジャーナリズムの使命」を前面に押し出してがんばれば、がんばりぬけたに違いない。

ただ、このころはまだ現場記者の大半にはジャーナリスト魂があった。労働組合も強かった。腰砕けの経営陣に対し、社内では反発の声が澎湃として上がった。

新聞界の現状は第一章で詳述したのでここでは触れないが、読者に対する、社会に対する責任感は薄れる一方だ。そして裏を返せば、実はここにこそビジネスモデルのヒントがある。本来の姿に戻って、ジャーナリズムとしての責任感をきちんと果たせば、それは読者にとって強い印象を与えるだろう。「新聞こそが私たち市民の味方」と思ってもらえれば確実に信頼度は増すはずだ。

何一つとして難しいことではない。というより、そもそもこの責任感がなかったら新聞記者という職業に就く資格はないのだ。いまの新聞社にはエセジャーナリストがゴロゴロいる。まっとうな記者が彼ら、彼女らから実権を奪いとれば、新聞は〝読まれる〟メディアに一歩も二歩も近づくことだろう。

判断力

的確な判断をするためには何が必要か。バランスのとれた情報（知識）としっかりした立ち位置であろう。前者について言えば、ジャーナリストにはあらゆる角度からものを見ることが求められる。ある対象を分析するときには前後、左右、上下、時には足の裏も見なくてはならない。正面から見た像だけで描くような愚は絶対に避けなければならない。

だからこそ、綿密で周到な取材が不可欠なのだ。また、取材結果を分析するための知識・教養も必須である。

若いころ、私は「断定魔」と呼ばれていた。何でも白黒はっきりつけないと気が済まなかった。およそ「灰色」の美や魅力など認めようとしなかった。振り返れば恥辱の限りだ。高校、大学時代、それなりに哲学書を読んだ際、この世の中には純粋な白も純粋な黒も存在しないのだということは学んでいた。ところが、それを実感したのは五〇歳も近くになってからというのだから、劣等生極まれりである。

多くの事象は取材すればするほど灰色になっていく。白に近い灰色なのか、黒に近い灰色なのか。それを判断するしかない。真に判断力に秀れた記者は悩み、もがき、再び取材し、最終的に一定の結論を言葉で表現する。簡単に白とか黒とか言い切ってしまうジャーナリストの判断力を私は疑う。記者がそうした悩みを隠すことなく記事に表現すれば、読者は新聞の判断力を評価するようになるだろう。

「本を読んでいる暇があったら夜回りに行け！」

ほとんどの新聞記者は先輩やデスクからこうどなられた経験があるはずだ。私も例外ではない。ヘソ曲がりの性格にも押され、新人として配属された浦和支局時代、一つのノルマを自分に課した。「岩波新書はすべて読む」ことだ。月に三冊出るのだから一〇日に一冊のペース。簡単に思えるかもしれないが、このノルマをこなすのはなかなかに厳しい。

何しろ、朝の九時には県警記者クラブに行き、会見があればそれを聞いて記事にし、何もない時は県警の中をぐるぐると回り、〝御用聞き〟をする。

殺人、強盗などの捜査をする捜査一課、汚職や詐欺といった知能犯を扱う二課、その他警備・公安、交通課などの部屋を「何かありませんか」と回るのだ。もちろん、公務員には守秘義務があるのだから「実は発表はしていないけど、こんな事件があって」などと特ダネをささやいてくれることなどありえない。〝顔を売り〟〝親しくなる〟のが御用聞きの目的である。そして本番の仕事は〝夜回り〟ということになる。

警察官の自宅にこっそりと行き、ネタをもらう——これが戦後、一貫して続いている取材方法だ。大きな事件が発生すれば、夜回りだけではなく〝朝駆け〟も行う。警察官を出勤前に〝襲う〟のである。へたをすると土曜も日曜もなくこうしたことを繰り返す。新人記者には本を読む時間などないのが現実だ。

平均睡眠時間は四、五時間だろうか。その中の一、二時間を読書に振り向けた。「本を読む暇があったら……」という先輩への反発心もあったが、勉強をしない記者に記事を書く資格があるのだろうかという漠然とした疑問があった。

いま考えると慄然とするが、そのころはほとんど新聞を読む余裕もなかった。自分に関係のある記事以外、たとえば国際面や経済面などに目を通した記憶がほとんどない。自社の〝商品〟すら手にしたことのない〝社員〟、それが地方支局の新聞記者をしていたころの私の姿だ。他社の記者も大差なく、酒を飲みながらグチを言い合うと、みんな同様であることがわかった。「週刊金曜日」の編集委員でもあった筑紫哲也さんは朝日新聞の新人記者時代、よくソファに横になっては本を読んでいたという。先輩から叱られても押し通したというエピソードが残っている。特ダネをつかむのが得意な事件記者ではなかったかもしれない。だが、ジャーナリストとしては超一流だった。

勉強をしないような記者にはジャーナリストの資格はない。判断力を高めるためには一定の教養・知識は欠かせない。いまだに新聞記者、とりわけ事件記者には「体力が一番」とのたまう肉体派（?）が多いが、知力がなければ物事の的確な判断はできないのだ。知性、取材力、苦悩……これらが組み合わさって初めて判断力が養われる。そのことを新聞記者はしっかりと認識しなくてはならない。

「立ち位置」も判断力には重要な要素だ。先述したように、ジャーナリストの「公正・中立」はあくまでも〝弱者〟の側に立って成り立つ。したがって、その立ち位置を守らない限り正しい判断は不可能となる。職業としてのジャーナリストに必要な判断力には、いい意味での偏りが不可欠なのだ。

正義感

「正義」という言葉はやっかいだ。何しろ米国にとってはベトナム戦争もイラク戦争も「正義」

になってしまう。いかようにも解釈できるヌエ的な概念と言えなくもない。

だが、「不正義」はそれなりに表現できる気もする。「力をもって他者を虐げる、あるいは私利私欲を図る」と。ここからジャーナリストに求められる「正義感」を導き出すとどうなるか。「力をもって他者を虐げたり、私利私欲を図る者（権力者）を批判し、言論の力によりその行為を阻止する」。

これが私の考える正義である。

一般に「正義」と聞いて思い浮かべる職業は警察（検察を含む）、裁判官、弁護士だろう。だが、裏金づくり、冤罪、国策捜査と、残念ながら、いまの警察権力は正義の味方とはかけ離れている。また、裁判官への信頼度も下がる一方だ。警察や検察のつくった調書を最優先する裁判所への疑問は日々高まっている。

では、弁護士はどうか。悪徳弁護士も少なくはないが、警察などに比べればまだましだろう。しかし、大きなネックがある。高額の依頼料だ。着手金だけでも、たとえばワーキング・プアの人にはとても払い切れない。まさに敷居が高いのである。

これに対し、新聞は国家権力（立法、行政、司法）から離れ、それを監視・批判し、読者の相談に金銭の見返りを求めることはない。本来の役割をきちんと果たせば、新聞こそ正義の味方に他ならないのだ。

新聞記者時代、若手記者に「正義の味方になれ」と言うと、たいがいシラッとした顔をされた。

中には「正義の概念は単純ではない」と考える記者もいたが、多くは「そんなに偉そうなことをしているわけではない」という思いを持っていた。先に医師のたとえをしたが、ジャーナリストは「偉い」、いや、偉くなくてはならない。権力の不正義をただすという仕事は並大抵のことではない。それをしっかりこなすことができたならば胸を張るのは当たり前だろう。逆に言えば、それだけの覚悟がないのなら、記者を辞めたほうがいい。

「正義の味方なんかじゃない」と斜に構える記者は単に逃げているだけだ。とことんジャーナリストとして自らの仕事をつきつめることができない、あるいはしていないから、楽なポジションに身を置いているだけである。

職業に優劣をつけていると誤解されるかもしれないが、それは違う。記者という職業の特性について語っているのだ。そしてその特性を見失っている記者が多いのである。

レストランのシェフは安全でおいしく栄養があり盛りつけの美しい料理を生み出すことに精力を注ぐ。家庭料理と同じレベルのものをつくるようなシェフは失格だ。シェフという職業には情熱や研究心が欠かせない。そのことで胸を張るシェフを「偉そう」と批判するだろうか。同じことである。情熱、責任感、判断力、正義感を持った記者が生み出す記事は、多くの人を満足させるはずだ。それを成し得た時、記者が自負や矜持の思いを抱くのは自然なことだろう。

いま新聞社に強く求められるのは、こうした職業意識をゆるぎなく持つ記者を育て上げることなのだ。

社内民主主義の実現

「週刊金曜日」には自前の専属取材記者はほとんどいない。大半が編集者である。いきおい、現職の新聞記者に執筆を頼むことも多い。最近の傾向だが、実名ではなくペンネームで書いてもらうことが増えた。所属新聞社が認めないか、上司がいい顔をしないからだ。

毎日新聞は風通しのいい新聞社として知られていた。私自身、平気で外の媒体に執筆したり、講演会で話したりしていた。だが、九〇年代くらいから徐々に雰囲気が変化し始めた。とりわけ社の批判を少しでもしようものなら、上司に「控えたほうがいい」と耳打ちされるようになった。

根があまのじゃくなので、そうされるとますます公然と批判したくなる。断言するが、私は今も毎日新聞を深く愛している。少しでもいい新聞をつくりたいがために批判していたのであり、後ろめたい気持ちは全くなかった。それでも会社の上層部は抑えつけようとするのだ。

たまたま私は労働組合運動に長くかかわってきた。毎日新聞労組の委員長も、先述したように新聞労連委員長にも就いた。単組委員長の時は社長を退任に追い込むという、前代未聞の闘争も行った。会社としては実に煙たい存在だったことだろう。だから面と向かって文句を言ってくる幹部はいなかった。もし組合という後ろ盾がなかったら、とうの昔に地方支局に飛ばされていただろう。

毎日新聞でさえそうだから、他の新聞社はもっと厳しい状況だった。他の媒体に執筆する際は届け出が必要だし、その時点で「やめておけ」と圧力をかけられることも多い。

新聞社も会社なのだから当然、と思う方もいるかもしれない。しかし、新聞社は言論機関である。報道の自由、言論の自由、思想・信条の自由を守るために日々努力すべき企業が社内民主主義を認めないとあってはマンガだ。

そして風通しの悪いところには必ずバイ菌がはびこる。社内民主主義がなくなれば、くだらない権力闘争や足の引っぱり合いが生じ、疑心暗鬼の雰囲気が醸成され、独裁的な体制が生まれやすい。実際、一部の新聞社では社長や社主の意向がすべてに優先するような事態になっている。こうした社がまともな新聞を発行できるわけもない。

毎日新聞の社長室にいたころ、テレビCMの作成に携わった。電通に依頼し、二本つくることになった。毎日新聞の〝売り〟は何かと、二〜三人でかなりの時間、議論した。一つは点字毎日を題材にした。利益につながらない視覚障害者向けの新聞を八〇年以上にわたって出し続けている。これは社会に対して誇ってもいい事業である。

もう一本は「自由な社風」だろう、ということで意見が一致した。朝日や読売にはない、これも胸を張っていい社風であるのは間違いない。そこで、廊下を走ったり、社内のソファで寝ていたり、上司に食ってかかったりする社員の姿を撮影し、すべてが自由な会社であるという印象の作品にした。最後に「毎日新聞」の題字だけを映すという仕掛けだ。社長室の私たちも電通関係者も満足する、すばらしい出来だった。

ところが役員の中には苦虫をかみつぶしている連中がいた。「わがままな社員はいらない。管理すべきだ」と考える、私からすれば毎日新聞の社風に合わない取締役が存在したのだ。

間の悪いことに、ある事件が発生した。イラク戦争の取材をしていた毎日のカメラマンが帰国する際、クラスター爆弾の子弾を記念に持ち帰ろうとし、それが空港で爆発して一人が死亡し五人が負傷したのである。「あのＣＭはやめだ」とのお達しが役員会からきた。私を含め社長室の中には「関係ないだろう」という声もあったが、ことがことだけに指示に従った。社内民主主義よりは管理が重要と考える取締役にとっては「これ幸い」だったのだろう。「何でもありの毎日新聞」というメッセージはブランド力を高めることにつながっただけに、悔しくて仕方なかった。

新聞新生のカギの一つは、この社内民主主義の復活にある。社内に封建制や独裁制が敷かれていては言論、報道の自由など担保できるはずがない。それとともに民主主義を好まない政治権力に同調してしまう危険性がある。権力批判の立ち位置がずれている昨今の新聞は、まさにその陥穽にはまっているのだ。

では、どうしたら社内民主主義を確立できるのか。まずは経営と編集の明確な分離だ。権力を握った者はどうしても保守化する。既得権益を守ろうとするからだ。さらに、彼ら、彼女らは権力者サークルに加わろうとする。社会には支配者と被支配者しかいないという感覚に陥るのだ。だから企業経営者が政権党にすり寄るのは必然の流れである。新聞社とて例外ではない。役員連中の多くは支配層＝政治権力と同調する。その延長線上に社員支配＝社内民主主義の否定がつながるのだ。

こうした経営者が編集にコミットすることにより、社内での言論の自由は損なわれ、紙面自体が歪んでいく。そこに対抗するには、経営ボードと対抗する力を編集サイドが持たなければならない。

毎日新聞では、一九七七年に事実上の倒産をして社外資本が入り込んでくる危機に見舞われた際、主筆制度を設けた。経営のトップは社長、編集のトップは主筆という二頭体制にしたのだ。経営の論理を編集にもち込ませないための方策だった。同様のシステムはその後、いくつかの新聞社も導入した。ちなみに読売新聞の主筆は長らく渡邊恒雄氏が務めていた。

だが、主筆制度はすでに有名無実化している。毎日新聞においても「次期社長ポスト」化しており、社長の対抗軸になっているとはとても言えない。

現状では、真の主筆制を確立するためには外部の力を借りるしかないだろう。弁護士でも学者でもいい。報道の自由や民主主義についてしっかりとした意識、価値観をもった人に一～二年のスパンで依頼するのだ。社内ではその主筆を支えるため数人の編集綱領委員を配置する。そして主筆が紙面への権力介入を防ぐとともに社内民主主義を守る砦になる。このようなシステムが導入されれば新聞社内の雰囲気は大きく変わるはずだ。風通しさえよくなれば、カビや雑菌もいずれは消え去るだろう。

事なかれ主義を排せよ

二〇一〇年四月、タイで反政府運動を取材していたジャーナリスト・村本博之氏が、銃で撃たれ、死亡した。彼はロイター通信の記者だった。

二〇〇七年九月には、ミャンマーで取材中の長井健司氏が治安部隊に撃たれ亡くなった。AFPに所属するフリージャーナリストだった。

マスコミ志望の学生によく聞かれる。

「日本の新聞はなぜ、戦争報道の写真に関しては海外通信社のものを使うのか。記者は現場に行かないのか」

「行かない」のではない。会社が「行かせない」のだ。自社の記者を死傷させないためである。だが、これは人道的見地に基づく方針とは言い切れない。むしろ会社が面倒なことに巻き込まれないように予防線を張っている面のほうが強い。

「サンデー毎日」の編集長をしていた二〇〇一年のこと、アフガニスタンに特派員を出した。それ以前にも何度か現地取材の経験がある契約記者の、強い要望だった。「危険な場所での取材は避けるように」と厳命したうえで派遣した。

そのころはすでに経費削減の大号令がかかっており、海外取材は原則として会社に認められない。そこで編集部の隠し金庫のカネを使った。そのような場合に備え、歴代の編集長がいろいろな知恵を絞って、何がしかの現金をプールしていたのだ。

「危険な地域に行くな」とは言ったものの、どうせ守らないだろうとも予想していた。ジャーナリストは、いったん現場に着いたら、身の安全は二の次になるものだ。幸い、不測の事態は起きず、彼は無事に戻ってきた。

そのルポが誌面に載ってしばらく後、出版局幹部から呼び出され叱責された。

「なぜ、勝手にアフガニスタンに記者を出したのか」と大変な剣幕だった。しばし、意味がわからなかった。ニュース週刊誌として、戦争現場に記者を派遣するのは当然だ。出さずに文句を言われるなら話はわかるが……。

「戦争保険に入っていたのか」

「いいえ」

「もし、死ぬようなことがあったらどうなるかわかっているのか」

「なるべく危険な地域に行くなと指示しました」

「保険にも入っていないなら、いざという時、本社にどれだけの負担がかかると思うか」

この辺までのやりとりで読めた。この幹部は記者の安全を問題にしていたのではなく賠償金のことを考えていたのだ。そして、おそらく社内における自分の〝身の安全〟が頭にあったのだろう。

バカらしくなった私は議論することをやめた。「これからは相談するようにします」と頭を下げてその場を辞した。ハラの中では舌を出して呟いていた。

「次も、同じようなことがあったら絶対に黙って派遣してやる」

幸か不幸か、そういう場面はやってこなかったが。

もともとは社会部の先輩であり、センスのいい記者だった。信頼も尊敬もしていた。だが、出版局で彼のやったことはひたすらコストカットだった。出版局の赤字体質を改善したとして経営陣の覚えもめでたかった。そのころから、どこか官僚的な言動、姿勢が目立ち始めた。「管理」と「事なかれ主義」である。

ちなみに出版局の業績が上向いたのは一、二年だけだ。将来展望のない目先だけのコストカットは、長い目でみれば組織の体力を弱体化させ、かえってマイナスとなる。

ただ、私は彼を一方的に批判する気もない。「事なかれ主義」と、それに基づく「管理」強化は会社全体を覆っており、幹部としてはその流れから逸脱できないのが現実だったからだ。

二〇〇五年に起きた、NHKが二〇〇一年三月に放送した従軍慰安婦問題を扱った番組「ETV2001　戦争をどう裁くか」に対する政治的圧力をめぐる朝日対安倍晋三氏、中川昭一氏（いずれも自民党衆議院議員）のバトル結果も、私からみると「事なかれ主義」の典型だ。

確かに、取材方法や記事の書き方には、若干、甘いところがあった。内部告発者の情報に依拠しすぎたため、裏付け取材が足りなかったように思う。特に中川氏が放送以前に〝圧力〟をかけたという点は事実誤認と思われる。だが、与党政治家の〝圧力〟により番組が改ざんされた、あるいは自主規制に追い込まれたという大筋に誤りはない。安倍氏らが直接命じたわけではないとしても、権力者が番組について触れただけでも十分〝圧力〟だからだ。それらの経緯を新聞が批判的に報じるのは当然である。

さらに、NHK関連予算に支障をきたさないために番組を改ざんしたNHK側の姿勢も許されるものではない。何かと朝日を批判的に報じるニュースを聞くたびに鼻白む思いだった。朝日はNHKとも徹底的に戦うべきだった。

ところが、朝日は〝敗北〟の道を選んだ。しかも取材テープの在る無しをはっきりさせないまま決着するという信じられない態度に出た。同社の記者によると、「隠し録りはしない」という内規があるのでテープの存在を明らかにできなかったという。もともとこんなくだらない約束事を決めたのも、同事件の数年前に起きたある事件で、社会部記者が取材テープを関係者に渡したことがきっかけだった。バカバカしい話だ。相手が権力者である場合は「録音はしません」と言って隠し録りをするのは当たり前だ。私はレコーダーを事前に二台用意して、「わかりました。録りません」と一台をダミーとしてテーブルの上に出し、もう一台で録音したりした。

また、取材テープを関係者に聞かせたこともある。要は、権力の監視・批判という目的のためには手段を選ばない、ということだ。この目的はきれいごとを言っているだけでは達成できない。

しかし朝日は自民党に屈服したばかりか、担当記者を社会部から追い出した。「取材テープ事件」の時も記者を処分し、結果的に彼は退社した。どちらの記者も個人的によく知っているが、極めてまっとうで優秀なジャーナリストである。朝日は事なかれ主義により貴重な人材を失い、ジャーナリズムの力を削いでしまったのだ。

この例でわかるように、新聞社の事なかれ主義は統治権力にすり寄ることにつながりかねない。政治家や官僚と無用なトラブルを起こさないことを最優先する新聞にはジャーナリズム性のかけらもないと言っていいだろう。

裏金づくりをめぐる北海道新聞と北海道警の戦いも、最後は「事なかれ」道新の腰砕けで終わった。新聞協会賞をはじめ、数々の賞を総なめにしたキャンペーンは、調査報道の底力を示すすばらしい仕事だった。しかし、道警の反発と攻撃に道新幹部は次第に弱気となり、取材現場の心意気とは裏腹に、白旗を挙げてしまったのだ。ここでも、取材の中心だった記者が異動させられるという事態が生まれた。

その後、事件の概要をまとめた単行本が道警元総務部長の佐々木友善氏によって訴えられたが、この裁判の過程で驚くべき事実が明らかになる。取材チームのリーダーだった高田昌幸氏が「月刊マスコミ市民」（二〇一〇年四月号）の対談で語ったことの一部を引用しよう。

……甲84号証（佐々木氏が提出した証拠――筆者注）を読むと、２００５年7月から翌06年5月にかけ、編集局の幹部らが佐々木友善氏と30数回も話し合いを持っています。そこで話し合われているのは、簡単に言えば、「どうやったら許してくれるのか」という内容です。ひたすら媚びていく。裁判では、講談社と旬報社から出した2冊の書籍の記述が争点になっているのですが、その個所について、当時社内では何も問題にされておらず、「高田、この本の記述は間違いか？」とか、一度も聞かれたことはありません。それなのに、裏交渉の中では、「本の記述はうそだと分かった」などと、それこそ、佐々木氏に向かって嘘をついている場面もある。そういう交渉です。当時から、「会社は何か変だな。何か裏でやっているのではないか」と感じてはいましたが、私をはじめとする取材班はここまで卑屈になって交渉しているとは、全く思いもしませんでした。

誤解を招くと困りますので、説明しておきますが、甲84号証はあくまで佐々木氏による記録です。……録音を文字に起こした中身は、必ずしも録音を正確に反映していません。……ただ訴訟進行に限定せずに物事を考えた場合、権力とメディアの関係を考えるうえでも、一連の交渉は実に大きな問題を孕んでいます。仮に録音の文字起こしが細かな部分で正確ではなかったとしても、交渉があったこと自体は事実ですし、大筋は記録通りでしょう。こんな交渉がなぜ行われたのか、きちんと検証すべきだと、私は思ってきました。権力監視型報道の根幹にかかわる問題が、そこには横たわっているからです。

記録によると、編集局幹部は、佐々木氏との最初の面談で、「とても上座に座れません……私たちは社内では少数派ですが、これから少数派が実権を握ってやっていこうとしているのだから、交渉は内密にして欲しい。社内に交渉のことが漏れたら、動きは潰される」という趣旨の話をしています。さらに、「ご迷惑をかけました」と謝っている。「どうやったら許してくれるのですか」というのが、最初からの立脚点だったとしか、私には思えません。

およそ信じられない。道新首脳部は現場記者の栄光をズタズタにし、泥を塗りたくったのだ。

この事件ではもう一点、指摘しておかなくてはならない。それは全国紙のていたらくぶりだ。もともと裏金づくりを最初にスクープしたのはテレビ朝日の「ザ・スクープ」だった。道新はそれを追いかけ、さらに次々と新事実を暴いていったのだ。これに対し全国紙は事実上、「無視」の姿勢をとり、ほとんど報道しなかった。北海道以外の読者はカヤの外に置かれていた。それだけではない。中には道新の足を引っ張る記者もいたのだ。

毎日の記者から聞いたのは次のような話だ。

「道警は道新社内の不祥事を徹底的に洗った。事件になりそうなケースは他社にリークして書かせたのです。そうした道警にすり寄り、道新のつげ口をする記者もいました」

自社、あるいは自分の利益をはかる「目的」のため、道新を貶めることを「手段」にしたのだ。私は、全国紙が道新と足並みをそろえず結果として道新が道警に屈服した事件を「マスコミが死んだ日」と命名している。

現場記者、とりわけ若手記者が訴える不満で一番多いのが「社内民主主義の欠如」「事なかれ主義」「官僚主義」である。この傾向は年を経るごとに高まっている。

いまにして思えば、私が社会部に配属された一九八一年当時は「天国」だった。くだらない決まりも制約もなく、たとえば上司が官僚主義的なことを言ったり、事なかれ主義に走ったりすれば一斉にあちこちから罵声が起きた。

朝っぱらから酒の臭いをぷんぷんさせている先輩がいた。何日も社会部に顔を見せない遊軍記者がいた。それでも、事件が発生すると全員の目の色が変わり、しゃにむに動き回った。むろん、ほぼ例外なく「弱者を虐げる権力だけは許せない」という思いを強く持っていた。

いつから新聞社は〝役所〟になったのだろう。ヒラメ型、点数稼ぎ、上に弱く下に強い、マニュアル型、失敗を恐れ挑戦を避ける……例を挙げていくと気が滅入る。こうした記者が増え、しかも彼ら、彼女らが出世してしまう新聞社は新聞社ではない。なぜなら、秩序を守るフリをして自由で批判的な精神を蔑ろにする輩は、決まって権力になびくからだ。

先の対談で、最後に高田氏が話している言葉を紹介しよう。

新聞の役割は権力監視だと言います。それはそのとおりです。また新しい時代には、新しい報道も必要です。このネット時代にあって、漫然と同じような報道を繰り返していたら、読者の支持を失うのは自明です。ただし、新しい試みはしばしば、組織内の古い価値観と衝突する。そのとき、記者1人1人がどうするかです。報道の古い体質は、日々の仕事においては「前例踏襲」「議論を避ける」「事なかれ主義」「委縮」のような形で表れます。その壁を崩す気概を現場も幹部も持つことができるかどうか。それがポイントだと思うのです。

第三者の目

八〇年代以降、「人権と報道」の観点からマスコミ批判が急速に高まった。これを受けテレビ業界は二〇〇三年七月、BPO（放送倫理・番組向上機構）を設けた。不十分との声はあるものの、それなりに活動し、次第に認知度・影響力が増している。

一方、新聞業界は〝各社任せ〟ということになった。報道評議会やオンブズマン制度をつくるべきだという要請が弁護士界をはじめ各方面から出ていたにもかかわらず、新聞協会は腰を上げようとしなかった。

では、各新聞社の組織は機能しているのか。はっきり言って、「ないよりはマシ」程度にしか見えない。朝日も毎日も第三者を委員とした委員会をつくり人権侵害を指摘された記事について検証し、紙面化している。朝日の場合は委員が当該の記者に対してかなり詳しく事情聴取をしたうえで結論を出している。だが、そこまでだ。しょせん、「私たちはここまで自浄努力をしています」と表面だけ取り繕っているにすぎない。

報道被害を根絶するためにはどうしても純然たる第三者の目が必要だ。スウェーデンで行われているように、メディアから完全に独立、自立した機関で調査・批判をしない限り、実効性はない。具体的に言えば、謝罪広告が新聞社の〝再犯〟を防ぐことにつながる。

確かにいまも、「おわび」はよく見かける。しかし、小さな扱いのことが多いし、表現も曖昧なものが目立つ。ある種の〝お手盛り〟だからだ。第三者機関が批判し、作成した文言を強制的に掲載させるシステムがつくられれば、様相は一変するだろう。適当な言い訳で逃げることができなくなるからだ。

新聞協会は直ちに法曹界や新聞労連などと協議のうえ、純粋な報道評議会を立ち上げるべきだ。それは新聞新生へとつながる一つの道になるだろう。

市民記者との連携

第二章で「松坂大輔と草野球のエースとは違う」と強調した。しかし一方で私は「市民記者との連携を目指せ」とも言いたい。

具体的には一〇〇〇人規模の「国内特派員制度」を設ける。年代のバランスをとり、任期は基本一年。原則、無報酬だ（金銭がからむと情報の質が落ちる）。

特派員に期待するのは「情報」と「目線」である。

社会部時代、手がけた独自報道のかなりは〝内部告発〟に基づいている。「〇〇代議士は××社からワイロをもらった」「△△病院が重大な医療過誤を隠している」……。こうした情報のうち、実際に記事に結びつくのは一割もない。しかし時には、真のスクープになることがあるのだ。

一〇〇〇人の特派員ということは、それぞれに家族や知人などの関係者が一〇〇人いれば、新聞社は一〇万人の〝目〟を得たことになる。内部告発の量は相当、増えるだろう。

特派員から上がってきた情報を記事に仕立てるのはプロの仕事だ。両者の連携がうまく機能すれば、新聞社の情報収集力は飛躍的に高まるはずだ。

出版不況の中で、創刊数年で部数三〇万部を誇る月刊誌がある。〝キャバ嬢〟を主な読者ターゲットにした「小悪魔ageha」（インフォレスト）だ。柳の下の二匹目のドジョウを狙った雑誌がいくつか生まれたが、すぐに消え去った。その理由を尋ねると、編集長の中條寿子氏はこう答えた。

「頭のいい男性編集者に、読まれる雑誌はつくれません。読者目線でなく上から目線になるので」

新聞社は権力を持たなければいけないと強調した。「読みたい」記事ではなく「読ませたい」記事を提供するのが新聞の役割とも述べた。ある意味、新聞は「上から押しつける」メディアである。しかし、それは市民の目線を無視してもよい、ということではない。

権力の監視・批判の前提には生活者の怒りや苦悩がある。ここに立脚した批判でなければ読者の共感は得られない。繰り返しになるが、「迎合」と「ニーズに応える」は全く異なるのだ。「一〇万人の目」は、市民目線からの遊離を防ぐ上でも貴重な力になる。

プロのフリーランスとの連携

市民記者はアマチュアだが、プロのフリーランスとはどういう間合いをとればいいのかについて触れておきたい。

新聞記者は四〇歳ごろから、将来の道の選択を迫られる。

「このまま社に残り、幹部になる」「編集委員になり、定年まで取材記者を続ける」「フリーランスになる」「大学教授になる」「別の職業に転身する」……。

三つ目の道、「フリーランス」に進む記者は意外に少ない。有り体に言って、その「能力」に欠けるからだ。潜在能力がないわけではない。新聞社に入らずフリーになっていれば大成する人は数多くいるだろう。だが、新聞記者を続けるうちに、フリージャーナリストになるための〝刀〟が錆びついてくる。なぜか。新聞社の場合はチームプレーが主になるからだ。

フリーランスは一人で取材活動をすることが多い。いきおい、ワンテーマに深く斬り込む取材が中心になる。だから得意分野についてはある種の専門家にならざるをえない。また〝結果〟がすべてなので、一つ一つの記事に全身全霊を込める。私の周辺のフリーランスの中には、新聞記者よりはるかに取材力にすぐれ、ジャーナリストとしての覚悟をしっかりと持った人がたくさんいる。

しかし、だからといって「新聞記者はフリーの記者より能力が劣る」というわけではない。フリーランサーがボクサーなら、新聞記者はサッカー選手だ。「チームの勝利」のために自らのポジションでの役割をしっかりこなすことが求められるからだ。

たとえば、イラク戦争が起きれば、新聞はあらゆる現場、角度、視点からの報道をすることにより、全容を描く。一方、戦場カメラマンは戦争現場での実態をカメラに収める。どちらが上とか下とかではない。どちらも重要な仕事なのだ。

結論を言おう。新聞社はもっと積極的にフリーランスの記事を使うべきだ。そうすることにより、新聞にまた新しい〝目〟が増える。そして、それは新聞記者を奮い立たせることにもつながるだろう。新聞記者とフリージャーナリストが敵対してはならない。うまく〝すみわけ〟することが求められる。

ナビゲーターになる

第二章で述べたように、新聞には「価値づけができる」という大きな武器がある。これを利用して情報のナビゲーターになることができれば、結果としてビジネスにもつながるはずだ。何しろ、インターネット時代になり、情報の飽和状態はすさまじい。便利なことは確かだが、一方で、どの情報が正しくどの情報がプロパガンダかという判定は事実上不可能になっている。「ウィキペディア」を利用している人は多いと思うが、あの情報を全面的に信頼している人は少ないだろう。たとえば、「週刊金曜日」の項を見ると、次のような記述がある。

「2005年の第44回総選挙での野党大敗後は、民主党などを含む保守の右翼勢力との共闘を肯定する記事が増え、左派からの反発が強まっている」

「2009年2月、『チャンネル桜』の取材に北村肇編集長が天皇制容認の見解を示し、これも天皇制廃止論者らの批判を受けた」

詳細な説明は避けるが、どちらも相当にうがった見方である。たとえば後者について言えば、天皇制が廃止されることなくこれだけ連綿と続いてきた事実を押さえないと、実効ある反天皇制運動は構築できないとの趣旨で話したことだ。

かように、ウィキペディアは岩波書店の『広辞苑』や、かつての平凡社『世界百科事典』のように安心して参照できる存在ではない。いまは、そのあたりのことは認識したうえでネットと付き合っている人がほとんどだろう。ある意味で、基本的なリテラシーはできていると言えるかもしれない。

しかし、将来、情報分野でネットの占める割合が高まっていくと利用者は自己分裂しかねない。何が真実かわからなくなり、最後は「すべて信じられない」という気分に陥ってしまうからだ。これは社会全体にとって極めて由々しい事態である。

人間はしかし、そうバカではない。自己分裂を防ぐために、真っ当な情報を集積したサイトを必死に探し回るだろう。そこに新聞の生きる道がある。そう、ネット社会におけるナビゲーターの地位を占めればいいのだ。

何だかんだ言っても、新聞は他メディアに比べて「信頼できる媒体」とみられている。これだけ立ち位置が変化し、ジャーナリズムの質が低下したにもかかわらず、だ。だから、逆に新聞がミスリードするケースも後を絶たない。「新聞が書いているのだから地検の捜査は正しいのだろう」という具合だ。

しかし、その堕落ぶりが明らかになるにつれ、「新聞に書いてあることの真逆が正しい」という風潮も確実に広まっている。メディアリテラシーの観点から言えば、「大マスコミを監視し、疑ってかかる」姿勢は重要だ。だが、それが行きすぎると、ネット上の〝たわごと〟が真実の顔をして一人歩きする危険性もある。

やはり理想は、「社会に信頼できるメディアが少なくとも二つ〜三つはある」という状態ではないか。そしてその資格を十分にもっているのは新聞である。もちろん、ジャーナリズムの覚醒を果たすことが大前提だ。

ネット社会は文字通り原始社会である。特定のルールも価値観もない。その小気味よさや自由な感覚は人を興奮させる。だが長続きはしないだろう。人間は、一定のルールや枠組みがなければ不安であり、いずれは疲弊し、安定を求めるのだ。

中国ではネット社会への規制が強まっている。とりわけ共産党に対する批判は、ほとんど弾圧と言っていいようなプレッシャーにさらされている。このこと自体は許されるものではない。市民の自由な言論を抑圧している限り、どんなに経済大国になろうと、中国が世界で称賛される国家になることはないだろう。

だが、「国家」の側に立てば、当然の対応と言えなくもない。十数億人の国民が原始社会であるネット空間で好き勝手に情報を流せば混乱は避けられない。しかも、それがどういう結果をもたらすのか、いまのところ誰もわからない。中国共産党にしてみればネットはほとんど恐怖の対象であるはずだ。

こうした感覚は、どの国の為政者も多かれ少なかれ抱いているだろう。となれば、国民の肉体も精神も管理する道に走る国民国家は、ネット社会そのものを管理する方向に向かうと予想される。むろん、アメーバのような世界を根こそぎ管理するなど不可能に近い。そこで暴力的な抑圧――回避――さらなる抑圧といったことが繰り返され、社会は混乱に陥ることが予想されるのだ。

このような国家の暴発を抑止するためにも、ネット社会には適切なナビゲーターが必要だ。ナビゲーターに欠かせないのは「信頼感」である。そして市民の信頼を得るには、権力におもねずという立ち位置のもと、事実と真実のみを伝えるメディアでなければならない。一言でいえば、揺るぎのないジャーナリズム性ということだ。新聞が本来もっている力量を考えれば、インターネット世界のナビゲーターになる資格は十分ある。

もちろん、ナビゲーターとはいっても、新聞が法やルールをつくるわけではない。デマやプロパガンダに惑わされることのないよう、事実と真実に基づく世界の大枠を指し示すのが役割だ。平たく言えば「いま世界はどのような状況になっていて、どういう方向性が考えられるか」の提示ということである。そのためには「今日、知るべきニュース」に優先度をつけることも欠かせない。「国が戦争の準備を進めているときに、サッカー・ワールドカップがトップニュースになる」といった類のことが起きないようにするのだ。

インターネット上では、セグメントされた情報が中心になっている。受け手が自分の欲しい特定の情報を求めて入り込む媒体だから当然である。しかし、どこかで自らの視野狭窄ぶりに不安感を抱き始めるはずだ。世界の大きな流れを直感できない中で生きることの、ふわふわした感じに耐えられなくなるからだ。そのとき、世界の動き（しかも統治権力が流す都合のいい情報ではない）を日々、優先度をつけて報じるメディア、さらにデマやプロパガンダとは無縁のメディアがあれば、それ相応の人たちが一日に一度は接してみたいと思っても不思議ではないだろう。行動指針を得るための一助になるのは間違いないからだ。そして、新聞を使ってメディアリテラシーを高めた市民が増えれば増えるほど、必然的にネット社会そのものの成熟度も高まるはずだ。

新聞社がネット上でどのようにサイトを運営すればいいのかについては後述するとして、ジャーナリストのありようについてのたとえ話を一つ披露したい。

国家という船の舳先に立ち、雨の日も風の日も、地位も名誉も関係なく、ひたすら前方の大海原を見続ける。座礁の危険性を発見したら直ちに、船内の人々（市民・国民）に伝えるとともに、舵を取る権力者に「迂回したほうがいい」と進言する。そうやって人々の命を守り抜く。

新聞人はいまこそ、この任務を再認識すべきだ。

有用な人材の確保

採用戦略

私が毎日新聞に入社した一九七〇年当時、マスコミ業種の人気トップは新聞社で、以下、出版社、テレビ局、広告代理店という感じだった。それが、いつの間にかテレビ局が一番人気、次いで電通、博報堂、三番手が大手出版社、最下位が新聞社となっている。影響力、企業イメージ、そして何より賃金が大きな要素である。

新聞記者出身の大学教授は数多くいるが、口をそろえて「優秀な学生は新聞社を受験しない」と嘆く。だが、この場合の「優秀」とは主として大学での成績を示す。それなら新聞社に入ってもらわなくても構わない。経験上、エリート学生だっただろうなと思わせる〝お利口さん〟で大成した記者は少ない。むしろ破天荒だったり、どこかネジの緩んでいるタイプのほうが本当の意味で優秀な記者（ジャーナリストとしての職業意識を持つ）だったりする。ところが、こうした記者は入社試験という入り口で撥ねられてしまうケースが多い。

強調するまでもなく、いま新聞社に最も求められているのは秀れた記者だ。となるとキーワードは「採用試験」と「訓練」である。だが、どちらもほとんど機能していないと断言していいだろう。

まずは採用試験。どこの新聞社も事実上の足切りをしている。それなりの大学出身でそれなりの成績を残していない限り、採らないのだ。書類選考をしているわけではない。だが、上記の条件を満たしていなければクリアできないような入社試験（ペーパー）を行っているのだ。さらに最近は、英語はもちろんのこと、母語の他に二カ国語くらい操れなければ、まずは関門をくぐれない。

面接試験になったらなおさら、学歴はものをいう。つまり、〝いい大学〟の〝お勉強ができる〟学生（そうしたタイプは面接対策も含め就職試験用の勉強もしっかりしている）しか新聞記者にはなれないのだ。いくらテレビや電通の後塵を拝したとはいっても、やはり東大や早稲田の卒業生などが新聞記者の中心である。

有り体に言って、現状の採用方法は愚の骨頂と言える。職業意識をもったジャーナリストと大学の格には相関関係がないどころか、成績優秀な新入社員は頭でっかちだったり、要領がいいだけだったりと、およそ使い物にならない場合が多い。さらに問題なのは、エセエリートには差別主義者が目立つという事実だ。こんな輩に記事を書かせたら百害あって一理もない。

とにもかくにも面接に重点を置くべきだ。一〇分も話せばジャーナリストに向いているかどうかは大体わかる。何しろ、新聞記者の主な仕事は人に会い取材をすることだ。その体験を積み重ねることで「人を見る目」は養われている。もし、面接で見抜けないようなら、その面接官こそがジャーナリストには不向きということになろう。

入社試験を、決まった時間に一斉にする必要もない。一人一〇分なら一日に三〇～五〇人の面接は可能だ。面接官を増やせば一日一〇〇人はこなせる。そこで一定の人数を残し、あとはグループ討論で特性をみる。大学の成績などどうでもいい。というより、中卒だろうが、学校に行ってなかろうが、そんなことは無関係だ。

女性差別も直ちにやめなくてはならない。全国紙はおそらくすべてが「女性枠」を設けている。成績順に合格者を選ぶと圧倒的に女性が多くなってしまうため「何人まで」と決めているのだ。こんなくだらない〝制度〟はすぐに廃止すべきだ。

逆に「マイノリティ枠」はつくるべきだ。在日外国人や障害者を記者に登用するのである。彼ら、彼女らはハンディを負っているのだから、その分、採用基準を下げてもおかしくない。実は、毎日新聞労組委員長をしていたころ、当時の人事部長と「車イスの政治部記者をつくろう」と話し合った。結局、役員会の賛同を得られず実現できなかったが。

訓練

次に訓練（社内教育）を考えてみよう。ほとんどの新聞社は型通りの新人研修しかしない。「日々の仕事の中で覚えろ」という姿勢だ。そのこと自体は間違っていない。記者に求められる資質の一つに「自分で考える」ことがある。「人に聞くより人から盗め」とよく先輩記者から言われた。私自身、取材方法も記事の書き方も、ベテラン記者から盗むようにしていた。そのほうが安易に教わるより確実に身につくし、自分なりの取材スタイルや文体をつくり上げるためにも役立つ。

問題は、新人記者が最初に配属される部署だ。ほぼ例外なく警察の記者クラブである。いわば事件取材＝新人研修となっている。ここでの体験がややもすると無意味なスクープ合戦に陥るきっかけとなるのだ。また警察ファミリー化し、冤罪報道に加担するような記者を生むことにもつながる。このシステムが新聞のジャーナリズム性を損ねたとさえ言える。真っ白なキャンバスに泥絵を描かせるようなものだ。

もちろん、そうした中でも優良な記者は育つ。だが、大半の記者はのっけから勘違いし、あるいはさせられ、箸にも棒にもかからない〝毒ダネ〟記者を目指すようになる。そしてそこでの戦いで勝ち残ったエセ特ダネ記者がデスクや支局長や部長になるのだから、負の再生産が延々と続くのである。

新人には一年間、警察、市役所、遊軍など様々な取材現場を体験させるべきだ。その期間が終わったら全員を集めて、「ジャーナリズムとは何か」の集中討議を行う。

後は、特性や希望に応じて持ち場を決める。さらに三年から五年後には、NGO、NPO、福祉施設などに三カ月から半年ほど〝出向〟させる。記者のイロハがわかってきたところで、社会的弱者や生活者の視点に立たせるのだ。

おそらく、この程度のことを実践するだけで、ジャーナリズム性をしっかりと備えた記者育成は飛躍的に向上するだろう。いまさら強調することもないが、真のジャーナリストが新聞記者の大半を占めた時、新聞は覚醒する。

賃金

ところで、賃金はどうしたらいいだろうか。一部を除き、新聞社は高給である。たとえば朝日新聞の場合、二〇〇九年冬のボーナスは前年より一四八万円減ったとはいえ一一七万円(四一歳)である。公表されている四一歳の基準内賃金は約五二万円だが、新聞社の場合は残業代が多い。記者職なら、三〇代で年収一〇〇〇万円は下らない。これを多いとみるか少ないとみるか。

たまたま私は、新聞業界では下から数えた方が早いといわれるほど待遇の悪い毎日にいた。朝日の同期入社の記者に比べたら、半分とは言わないまでも三割か四割は低かった。それだけにひかれ者の小唄と言われそうだが、新聞記者の年収は最大でも一〇〇〇万円でいいと思う。収入が多すぎると、間違いなく庶民感覚から遊離する。独立系労組の人と話していると、よくこんなことを聞かされる。

「ワーキング・プアがいかに深刻かということを話しても新聞記者の人は実感がわかないみたいですね。一〇〇〇円にどれだけの重みがあるかなんて、理解できないのでしょう」

新聞記者は高すぎる賃金をとるべきではないのだ。ただし、低すぎてもいけない。やはり

「貧すれば鈍する」ということはある。お金に目がくらみ筆を曲げることがないとも言えない。もう一点、取材経費はきちんと支払うべきだ。給料の安い毎日新聞では、働く記者ほど借金が多かった。取材先からネタをとるために飲んでも、ほとんど経費が出ないため、自腹を切らざるをえないからだ。

各新聞社とも経費削減に血眼になる中で、取材用のタクシー代を減らしたりしている。そんなことをするくらいなら高給を見直したほうがいい。ある程度、余裕のある生活のできる賃金と自腹を切らずに目一杯、仕事をできるだけの経費、それで十分だ。「賃金だけが目的」の人間は、そもそも新聞記者になってはいけない。

「ニュース」や「ジャーナリズム」の日本語をつくる

気付いていないのか、あえて知らぬ顔の半兵衛を決め込んでいるのか。記者時代、次のような問題が社内（毎日新聞）で議論になったことは一度もない。

「なぜ、日本には『ジャーナリズム』や『ニュース』に対応する日本語はないのか」

「ニュース」は「報道」と訳されることが多い。「情報」は英語では「インフォメーション」となる。そして、言うまでもなくニュースとインフォメーションは異なる。つまり、ニュースの意味性をそのまま具現化する日本語はないのだ。

「ジャーナリスト」に至っては、いよいよ適当な日本語が見当たらない。「記者はジャーナリスト」は成り立っても「ジャーナリストは記者」は成立しない。同義語ではないからだ。

日本語にならない、あるいはしにくい外国語はたくさんある。概念が異なる場合がほとんどだ。例えば「ベッド」は、無理矢理訳せば「寝台」だが、どうもすっきりしない。日本の寝具といえば布団であり、輸入されたベッドはベッドなのだ。報道関連で言えば、「メディアリテラシー」に対応する日本語はない。「受け手がメディアを批判的に分析する」という概念が日本には存在しなかったからである。

もう一つ、あえて外来語のままにしているのは「あいまいなままにしておきたいから」というケースがある。そのほうが都合がいいからだ。そしてニュースやジャーナリズムの場合は「概念がない」「都合がいい」の両方に当てはまる。

「ニュース」という言葉には、単に「出来事を知らせる」だけではなく「分析」「解説」という意味が含まれている。だから情報（インフォメーション）だけではニュースにはならない。ところが、瓦版がそのまま新聞になった日本では、「分析」「解説」がなくても成立した。すべてが「記事」でしかなかったのだ。その後ニュースに対応する言葉として「報道」が生まれたのだろうが、今度は意識的に、ニュースより狭い概念に閉じ込めた。「客観」の名の下に、密度の濃い分析や解説がなくても成り立つ表層的な記事（無意味な特ダネも含む）。それらが中心でも〝売れる〟新聞にしておいたほうが楽だったからだ。

「ジャーナリズム」は、「ニュース」以上に概念が存在しなかった。「権力を監視・批判する」という発想が日本では根付いていなかったとしか言いようがない。少なくとも一九四五年にはジャーナリズムを意味する日本語をつくるべきだった。だが、新聞社はあえてしなかった。ここでも「あいまいなままにしておくほうが得策」との思惑が働いたのだろう。

こんな偉そうなことを書いている私も新聞記者時代は「ジャーナリズムの日本語を生み出そう」などとは考えもしなかった。新聞記者ではあったが、ジャーナリストではなかったのだ。

新聞協会が中心になり、広く新聞人に呼びかければいい。

「『ニュース』、『ジャーナリズム』に対応する日本語を募集します」――。

そうすれば少なくとも多くの新聞記者は「ジャーナリズムとは何か」「自分はジャーナリストだったのか」と自問するだろう。職業意識にも目覚めるはずだ。

ちなみに、私はジャーナリズムとは「権力を監視・批判する報道姿勢」ととらえている。一言で言い表す術はまだ、思いつかない。

地方紙の可能性

ここまで書いてきたことは、いずれも全国紙を念頭に置いてのことだ。新聞労連委員長時代、ほとんどの地方紙の記者と話をしたが、経営状態を含め実態について熟知しているわけではない。だから責任をもった解説を述べたり、処方箋を語ることはできない。ただ、全国紙よりは地方紙により可能性を感じるのは確かだ。

インターネットの空間はいわば仮想空間である。つまり、インターネット社会とは仮想空間が現実空間を侵食する社会とも言える。このような時代では、必ず「リアルな肌触り」が求められるようになる。「体温」のない世界に人間が耐えられるはずはないからだ。

全国紙に比べ、地方紙には「リアルな肌触り」や「体温」がある。この、地域に密着した、顔の見える媒体という特性が間違いなく強みになるだろう。無限の空間である実感のない世界に入り込んだ市民は、いつか限定された地域、しかも自分が生活する地域のメディアに癒しを求めるはずだ。

ただし、前提がある。それは地方ジャーナリズムの確立である。地方ジャーナリズムの真骨頂は「地方権力の監視・批判」にほかならない。だが残念ながら、一部の地方紙は県知事や県議会議員、地方財界と癒着している。およそ批判的記事の出ない新聞もある。このような地方紙は「お悔やみ」情報など、地域密着の話題でいまは部数を稼いでいても、いずれは読者に見放されるだろう。

もう一つのネックは高賃金だ。全国紙同様、地方紙も部数の低迷と広告の落ち込みで業績は悪化している。しかし、依然として賃金は同地域の他企業と比べたら圧倒的に高い。ちなみに、二〇〇九年の冬のボーナスをみると、山陽新聞が約一一六万円（三五歳平均）、高知新聞が約一一四万円（三六歳平均）、愛媛新聞が約一一三万円（三五歳平均）などとなっている。朝日は一一七万円（四一歳平均）だが、物価や住居費を考慮すれば、地方紙のほうが条件はいいかもしれない。

あまり高給になると、既得権益を守るために保守化したり、権力と迎合するようになる。それが現実だ。この隘路から抜け出る、あるいははまらないためにはどうしたらいいのか。「街に出る」ことだ。もちろん、単に取材したり、営業活動をするという意味ではない。社会的弱者を支援したり、社会変革を目指したりするＮＧＯやＮＰＯと連帯するのだ。「行動する報道機関」――これもまた地方紙ならではの強味である。

真の目的とは何か

健康ブームが続いている。なかには「生命より健康が大事」な人もいるようだ。皇居の周辺をジョギングしている人を見かけると、ついそう思ってしまう。あんなに排気ガスがひどい場所で走るのは生命を削るようなものだ。

現代社会の特徴の一つは「目的と手段の逆転現象」である。健やかな生命を保つための健康なのに、健康維持が目的化する。幸せな時間を獲得するためのおカネなのに、カネ儲け自体が目的化する。

新聞社はどうか。新聞の目的は「平和で人権侵害や差別のない社会をつくるために、権力を監視し、批判する」ことである。そして経営の安定はそのための手段の一つだ。だが、いまは経営安定が目的化しているように見える。

時折、地方紙の労働組合に講演を頼まれ、懇親会で経営幹部と話をする機会がある。「ジャーナリズム性が重要という北村さんの主張は正論だけど、やはり新聞社も企業だから……」。決まって、そういう類のことを言われる。新聞社が企業でないなどとは思っていない。経営の安定も絶対に必要だ。つぶれてしまったら元も子もないのだから。ただ、目的と手段を取り違えてはいけないと言いたいのである。企業として栄えても、ジャーナリズム性を失ったら、それは新聞社ではない。

新聞は第五の権力であるべきだと述べた。権力になることが目的ではない。崇高な目的を果たすための手段が「第五の権力であること」なのだ。

「生きる」目的の一つは、「何かを動かす」ことだと考えてきた。人の心を「動かす」、社会を「動かす」。その手段として新聞記者の道を選んだ。どれだけ社会をいい方向に動かせたのか、人の心を動かす記事を書けたのか――そう思うと全く自信がない。しかし、「生きる」目的のために、記者という道を選択したことに後悔はない。

新聞のない世界など、私には想像すらできない。

新しいビジネスモデル

テレビは新聞を支え得ない

最後に、新聞の新しいビジネスモデルについて触れたい。

既存のメディア（新聞、テレビ、ラジオ、出版）がすべて業績を悪化させている現況で、何らかの系列化、あるいはグループ化が必要という論が主流になっている。私もそれは避けられないと思う。ただ、経営的にはテレビが「柱」になるとの見通しは正しくない。あくまでも、すべての点で新聞が「柱」にならない限り、グループ化の成功は見込めない。

実は、新聞社側のほうが「テレビに支えてもらう」という意識を濃厚に持っている。むろん、報道機関としての力量は自分たちのほうがはるかに上との自負はあるので、「経営的」にというカッコ付きだ。

最近でこそ、キー局の経営陣にプロパー（生え抜きの）社員が席を占めるようになったが、一昔前までは系列新聞社の天下りが牛耳っていた。役員人事の面からみれば、いまだに読売新聞は日本テレビの、朝日新聞はテレビ朝日の上位にあるのだ。だが、そうした「格」はほとんど意味をなさなくなっている。どちらが儲けているのかと言えば、圧倒的にテレビ局だからだ。社員の賃金を比べても、日本テレビは読売新聞を凌駕しているはずである。

当然、いま以上に資本関係を強化し実質的に一体化すれば、テレビ局の利益が新聞社に還流する構図が見込まれるはずだった。「だった」と過去形を使ったのは、ここにきて事態が大きく変化し始めたからである。

第一章で新聞業界の不況ぶりについて触れたが、テレビ業界も同様の惨状である。むしろ、将来展望がより悲観的なのはテレビだろう。インターネットに負けるのは新聞ではなくテレビだからだ。

一九八〇年代までは、家族が同じ番組を一緒に見るという光景が普通だった。警視庁担当だった八二年、埼玉県の新興住宅街に住む警察官宅へ〝夜回り〟に行ったときのこと。土曜日だったと思う。少し遠くにハイヤーを止めて歩きながら、あることに気づいた。どの家も同じバラエティー番組を見ていたのだ。家人の笑い声まで一緒のタイミングで漏れてくる。連日連夜、夜回りに追われ、テレビなど見る暇もなかったからか、何かしら強い印象を受けた。

しかし二一世紀に入り、若者がパソコンや携帯を手にすると「茶の間のテレビ」という習慣は過去のものになった。恐ろしいスピードでテレビ離れが進んだのだ。

企業がテレビ番組から手を引き始めるのは当然の成り行きだった。いまや高齢者のメディアになりつつあるテレビに何億円という広告費をかける意味は薄れている。

振り返ってみれば、インターネットと携帯電話という大地震が発生しても、テレビ局には危機感が薄かった。遠くで起きた地震とたかをくくっていた。そして、気付いたときには、大津波にのみ込まれてしまったのである。

フジテレビとライブドア・堀江貴文氏の〝戦争〟は、たかだかアリの一匹と思っていたネット企業が想像をはるかに超える力を持っていた、その恐怖感に既成メディアが総力をあげたという構図である。だが、それは既成メディアの悪あがきにすぎない。当時、私は「この戦い自体はフジテレビが勝つ」と断言した。アンシャンレジーム（旧秩序側）が、政治権力と司法権力を利用すればライブドアをつぶせないわけがないからだ。しかし、長期的視野に立てば、テレビにしても新聞にしても、ネットと敵対関係になるだけでは将来がないとも強調した。あの時点で、フジテレビが冷静に判断していれば、あるいは、大津波をギリギリのところで避けられたかもしれない。

日本民間放送連盟（民放連）の調査によると、地上波テレビ全体の二〇〇九年度の営業収入は約二兆四六五億円。前年度比八・五％減で、三年連続の減収だ。一〇年度も一・八％減収の予測で、へたをすると二兆円を割り込みかねない。

一部には、スポット広告（番組と番組の間に流すCM）が下げ止まってきたとして、回復への期待の声がある。だが、現実には「タイム」と呼ばれる番組広告からスポットへのシフトがみられるだけで、全体の厳しい状況は変わらない。「月次スポットの前年越えを最も早く達成した日本テレビ放送網の09年４〜12月期のスポットは前年同期比３・１％のマイナスにとどまる。だが、同期間のタイムは16・５％のマイナス。放送収入は10・９％も落ち込んでいる。他のキー局も程度の差はあれ、同じ状況にある」(「週刊東洋経済」二〇一〇年二月号)。

慌てたテレビ局がとった対策は、お決まりのコスト削減だった。「日テレの09年度の番組制作費は956億円となる見込みで、過去2年間の削減幅はキー局最大の195億円に上る。フジテレビジョンやテレビ朝日、TBSも削減幅は100億円を超えている」(前掲)。

二〇〇九年二月、日本テレビの報道番組「真相報道　バンキシャ！」が報じた「独占証言…裏金は今もある」(〇八年一一月二三日放映)の内容に事実でない部分のあることが明らかになった。告発をした男性が「証言はウソだった」と認めたのだ。

BPOの放送倫理検証委員会がまとめた報告書などによれば、同番組のスタッフは三六人。一〇人が幹部スタッフ社員、二六人の現場スタッフは制作会社からの常駐派遣。二班に分かれ、一週間交代で一方が番組のメインを担当、他方がサブに回る。水曜日の全体会議でテーマを決定、日曜日が本番のスケジュールだったという。

場合によっては半年や一年近くかけてつくる調査報道を、わずか数日で仕上げるなど、所詮、無理だ。起きるべくして起きた不祥事とも言えよう。「放送レポート」編集長の岩崎貞明氏は次のように語る。

「多くのテレビ局は広告不足やデジタル化のための設備投資による経営負担などを理由に揚げて、番組制作費の大幅な削減策を打ち出している。こうした放送局の対応が、番組制作の現場に暗い影を落としている。『余裕がまったくない。これで何か大事件でもあったら、死人が出るんじゃないかと思うくらい』『一昨年、製作費が一律で一〇%削減され、去年はそれからさらに二〇%カットになった。いい番組を作ってもそうでなくても同じ、というところが納得できない』……。放送現場の番組製作者たちからは、こんな悲鳴ばかりが聞こえてくる」(「月刊マスコミ市民」二〇一〇年四月号)

いろいろ問題はあるにしても、ここ数年、NHKのドキュメンタリー番組には力作が目立つ。「ワーキング・プア」や「無縁社会」といった、社会的キーワードを定着させてもいる。それができる理由は「人、時間、カネ」があるからだ。何だかんだ言っても「親方日の丸」――国民の税金を使えるNHKには余裕がある。数年前、ある民放社員に「NHKスペシャルだと一本の製作費は約二〇〇〇万円、自分の局では半分も使えない」と聞かされた。広告収入に頼らないNHKと民放の〝格差〟はますます広がるかもしれない。

二〇一〇年四月第一週の視聴率ランキングのトップは「笑点」、二位は「サザエさん」だ。いずれも長寿番組である。

これは何を意味するのか。一言で言えば、クオリティの高い番組が生まれていないということだ。新聞と同様、自分たちがコンテンツ産業である事実をどこかに置いてきてしまった。その、なれのはてである。

ロクな番組がなければ視聴率は上がらない。となれば、ますます広告は集まらない。かくしてテレビCMは消費者金融、次いでパチンコ機器メーカー、さらには新興宗教団体に頼るしかなくなるのだ。

前置きが長くなってしまったが、テレビ局の前途は限りなく暗い。近い将来、営業利益の落ち込みは新聞より激しくなるだろう。新聞が、「経営的」にテレビに支えてもらう構図は成り立たないのだ。

新聞中心のメディアグループへ――変化① 記事の三区分

では、新聞社が核になったメディアグループの姿はどうなるのか。

まず、グループにはネット上のニュースサイトを扱うセクションも加える（形式は独立した企業にすることもありうる）。そしてニュース配信は新聞社内の編集局に集中させる。取材記者が書いた記事を新聞、テレビ、ニュースサイト用に加工するのだ。従来の写真部の中にテレビ、ニュースサイトに対応する動画撮影チームも置く。

記事は、①無料、②低料金、③高料金の三種類に分類する。①が対象とするのは、ひとつはインデックス的ニュースだ。事故や災害の速報などが中心となる。分析・解説を加えていない「事実」である。無料記事にはもう一点「市民全体の生存確率を高める」情報がある。たとえば、時の権力者が戦争を引き起こそうと準備しているとか、核兵器開発を秘密裏に進めているとか、そうした情報を特ダネとしてつかんだ場合も無料記事にする。すべての市民に知ってもらい、すべての市民の生存確率を高めることは、メディア企業の利益をはるかに超えて重要だからだ。

このような無料記事は、動画も含め、テレビニュースとニュースサイトで流す。

では、低料金と高料金記事の線引きはどうするのか。難しいことではない。いずれも「他媒体の知りえない、なおかつ権力批判・監視に基づいた記事」が中心で「価値付けを加えた」ことにかわりはない。そこに、さらに専門性を加味した記事についてはは料金を高くするだけだ。

具体的には、紙媒体としての新聞には低料金記事を載せる。ページ数は現行より減らし価格も下げる。全国紙の場合、部数は最大でも一〇〇万部だろう。

数百万部の全国紙が実はほとんど読まれていなかった事実は指摘した。もともと、そんな部数は必要ない。極端に言えば、新聞は社会で影響力を持っている人たちをターゲットにしたメディアなのである。

安倍晋三政権の時、安倍首相は「九条改憲」を強く打ち出した。仮にもジャーナリストなら、その危険性に気づいて指摘しなくてはならない。しかし冷静、客観的に考えた時、果たして連日「九条がいかに大切か」という紙面をつくり、数百万人の読者が納得するだろうか。

新聞は「読まれようとする」メディアではなく、「読ませようとする」メディアであることはこれまで強調してきた通りだ。そして、いかに「読ませる」工夫をしたところで数百万人の人々に「九条の重要性」は伝え切れない。それよりは「サッカーのワールドカップで……」といったニュースに人々の関心は向かうだろう。

つまり、最初から読者ターゲットを「のぞき見趣味はあるが、社会問題にも関心がある」層に絞り込むのだ。この数十万人、せいぜい百万人に伝えるべき情報が伝われば、彼ら、彼女らはその情報を周辺に伝えるだろう。新聞というナビゲーターに道を教わった人たちが周辺にもその道を教えるのだ。

数百万部の全国紙が一〇〇万部でやっていけるはずがない——多くの新聞人はそう考えるだろう。しかし、ネットサイトからも収入を得られるようにすれば解決できるはずだ。新聞業の二大支出項目は、人件費を除くと、「製作費」と「販売手数料」である。ネットにニュースを流す場合は、紙代も印刷費もかからない。宅配がなければ「販売手数料」もいらない。乱暴に言ってしまえば、人件費さえあれば成立してしまうようなものだ。

ネットサイトは三段階に分ける。無料ニュースの他に、「新聞記事と同様のニュース」「高料金のニュース」へと進めるようにし、それぞれに課金する。

高料金記事の場合は、ジャンルごとの細分化もありうる。「中国経済」「ロシアの政治」といった具合だ。ネット上では、現在は経済情報のみが有料化に耐えられており、それに特化した「部屋」があってもいい。いずれにしても、「高いお金を払っても、質の高い記事を読みたい」と考えるのは、省庁や企業といった団体関係者と、何らかの専門家に限られる。そのような人たちは「総合的な記事が網羅された媒体」には投資しない。だから、メディア側としては、ネット上にセグメントされた記事のボックスを用意するしかないのだ。

新聞中心のメディアグループへ――変化② 遊軍拡大と専門記者の育成

グループ化により、編集局の構成も大きく変わる。

最近は「政治部」「社会部」といった部制を改め、「政治・経済チーム」「暮らしチーム」といった少し幅広の枠組みにしようという流れが強まっている。選択として間違ってはいない。だが、まだまだ中途半端だ。

現行の各部はそのまま残したうえで、いわゆる「遊軍」を目一杯拡充した方が効率的だ。全国紙の場合、社会部遊軍は二〇人～四〇人といったところだろう。ここを少なくとも六〇人規模にする。テレビ局の報道部がそのまま新聞社に移行するのだから充分可能なはずだ。

二人一組として三〇組の取材班ができる。半分は大事件や国政選挙など大テーマの企画を担当。半分が純然たる調査報道に従事する。私は遊軍キャップ、サブキャップを都合三年近くつとめたが、その体験上、二人一組のチームは平均して三カ月に一度は〝自主興行〟できる。つまり、調査報道による独自のキャンペーンが可能ということだ。

一方、政治部、外信部（国際部）、経済部などのセクションでは、それぞれ専門記者を育成する。新聞社の場合は、ゼネラリストが中心で、科学部、学芸部、運動部などを除くとあまり専門記者をつくってこなかった。だが、これだけ情報化社会になると特定分野のスペシャリストが欠かせない。「生涯一科学記者」のようなジャーナリストが必須だ。さらに言えば、こうした記者をスターライターにしなくてはならない。著名な記者の存在が、新聞社のイメージアップにつながる。

ただし、リスクも大きい。たこつぼ取材がすぎると、取材対象との癒着が生じる危険性がある。これを避けるには、基本的だが、部長やデスクが目を光らせ、まずいことが起きたら異動させるしかない。

新聞中心のメディアグループへ――変化③ 整理部の新たな任務と時間体制

グループ化に起因する編集局改革で、現状と大きく変化する点が二つある。「整理部の役割」と「二四時間体制」だ。

整理部は記事の価値付けを主な仕事にしてきたが、新たに「どの記事をどの媒体に流すのかを決め、それに合った体裁にする」という任務が加わる。「無料」か「低料金」か「高料金」かを選別し、さらにメディアごとに書き直す作業をしなくてはならない。

そこに加えて、ネットサイトに対応するための二四時間作業が求められる。

これも私の体験上、前段は人数さえいればクリアできる。確かに手間暇はかかるが、本質的な役割は変わらないからだ。問題は後者である。

新聞には夕刊・朝刊のリズムがある。長年、新聞記者をしているとそのメリハリが体に染みついている。だが、ネットにはそうしたリズムやメリハリがない。どうやってこのギャップを埋めたらいいのか。
結論を言えば、新聞の枠組みを強引に持ち込むしかない。具体的に言えば次の通りだ。

①　無料ニュースは現状のように常時切り替える。ここでは分析も解説も必要ないので、人海戦術でどうにでもなる。

②　低料金ニュースは、午前六時から深夜零時まで二時間ごとに更新。零時以降の六時間は更新なし。

③　高料金ニュースは、午前六時、正午、午後六時の三回更新。十分な取材に基づく質の高い記事は、そうそう配信できるものではなく、一日三回がせいぜいだろう。

②と③については配信時間を新聞協会で〝談合〟して決めればいい。いまでも全国紙の場合、締め切り時間は紳士協定で決まっている。結果として読者のためになる〝談合〟なら避ける必要はない。
かりに、抜け駆けする新聞社が出てきてもそれはそれで構わない。そんな社が質の高い記事を流せるわけはなく、更新回数が多くても読者の信頼感は得られないからだ。

いずれにしても、ネットサイト対応のため、かなりの記者が必要となる。この部分はテレビ局からの移行だけではまかなえない。そこで全国紙の場合は、地方支局からの撤退が現実化する。

そもそも全国紙の主たる役割は「永田町、霞が関、大企業の監視・批判」である。極論するなら、東京本社だけあればいいのだ。もちろん、リストラは避けなければならないので、経過措置は必要となろう。

「地方の全国ニュースを無視するのか」という批判があるかもしれない。それは通信社（共同通信、時事通信）に任せればいいのだ。また遊軍が六〇人いれば、大ニュースのときは何組かを現地にはりつかせることもできる。

新聞中心のメディアグループへ――変化④　新しいメディア媒体への対応

もう一つつけ加えなくてはならないのが、「iPad」「キンドル」「リーダー」への対応だ。iPadは二〇一〇年四月、米国で販売開始、一カ月で一〇〇万台以上を売り切った。日本でも五月末には販売開始になる。iPhone同様、あっという間に世界を席巻するだろう。日本の新聞、雑誌が電子化を進めるときには無視できない存在になるはずだ。

アマゾンが製造・販売するキンドルはすでに日本でも二〇〇九年一〇月に販売が開始された。朝日は二〇一〇年二月からキンドルに向け英文ニュースの配信を始めた。キンドル版朝日新聞（英語）の日本での購読料は一カ月九・九九ドル（約九〇〇円）だ。

私自身は、モバイルや携帯電話で新聞や書籍を読む気にはならない。紙媒体上の活字を目で追うようにはスムーズに読めないからだ。しかし、それは世代の問題のようである。

日本青年団協議会に毎年、機関紙コンクールの審査を頼まれている。二〇一〇年二月のこと、審査をしながら、雑談の中で「いずれ機関紙も紙からネットに移行するのか」ということが話題になった。元朝日新聞記者の岩垂弘さんと私は「紙でないと読みにくい」と口をそろえた。ところが事務局の若者二人は「そうかなあ?」という表情を見せた。小さいころからパソコンや携帯電話に慣れている世代には、ネット上で活字を読むことに違和感がないのだろう。

これからを背負う世代がそうなら、新聞社がｉＰａｄにニュースを流すのは避けられない流れだ。その場合、基本的にはネット上のサイトと同じ方式でいいだろう。料金も変える必要はない。

新聞中心のメディアグループへ——変化⑤　紙面構成の改善

紙面構成も根本的な改善が求められる。

いまの新聞は総じて同じ〝つくり〟になっている。一面はその日のトップニュース、二面から数ページがいわゆる硬派もの（政治、経済、国際ニュース）、中央に生活、学芸（文化）、スポーツ面を置き、地域面、社会面ときて終面はテレビ・ラジオ欄。長い間、大半の新聞はこのスタイルを貫いており、それが「新聞は金太郎飴」という批判にもつながっている。

新しい新聞は、テレビ・ラジオ欄を中面にもってくる（東京新聞が実施）。理由は「両面から読む新聞」にするためだ。従来の一面は終面に回し、「その日の出来事で最も報じる価値の高いニュース」を載せる。肝心なのは題字のある一面だ。この面を〝特ダネ〟に特化するのである。

独自取材、独自の視点、独自の分析による真のスクープだけが一面を飾る——おそらく現場記者からは「絵空事にすぎない」と失笑が漏れるだろう。しかし、そんなことはない。

大量の遊軍記者が日々、調査報道のための取材にいそしんでいるのだ。むろん、専門分野の記者も特ダネを目指している。年間、数百本のスクープが出ないほうがおかしい。

中面には、一面の特ダネを受けたフォロー記事のスペースをつくる。ここでは取材にまつわるインサイドストーリーも展開する。

たとえば、国会議員の金銭スキャンダルを追及するキャンペーンなら、どのように〝証拠〟をつかみ追い込んでいったのか、その取材過程を描くのだ。これをベースにして、テレビ、雑誌の記事もつくる。

他のページは大きく構成を変える必要はない。「硬派」、「暮らし・文化・スポーツ」「軟派（社会面）」という並べ方は間違ってはいない。何よりも一面の革命的な刷新により、その新聞を見る読者の目が変わる。そして、紙面全体が自然に活性化するはずだ。

細かい話になってしまうが、テレビ・ラジオ欄は拡充し、そこにサイト情報のコーナーをつくる。ネットのナビゲーターになるためにも、新聞社の「お薦めサイト」情報は必須なのである。

いまさら書く必要はないかもしれないが、「調査報道がカネになるのか」と疑問を持つ新聞人も多いと思うので、改めてその点に触れておく。

七六頁で紹介した米国のネットを中心にした調査報道メディア「CPI」は経営的にも成り立っているといわれる。成功理由の一つは、既存の新聞社であるニューヨーク・タイムズやワシントン・ポストから、古巣より高額の賃金を払って腕利きの記者をヘッドハンティングしたことにある。すぐれた記者の生み出す、すぐれた記事は読まれる。つまり〝カネ〟に結びつくのだ。

二〇一〇年四月にピューリッツァー賞の受賞者が発表されたが、調査報道部門で初めてネットメディアの記者が選ばれた。「プロ・パブリカ（PRO PUBLICA）」（非営利オンラインメディア）のシェリ・フィンク（Sheri Fink）記者（医師でもある）で、対象となったのは、ハリケーン・カトリーナの災害医療現場の検証記事だ。

報道によると、「プロ・パブリカ」は、ウォール・ストリート・ジャーナルの元編集主幹を主筆に二〇〇七年一〇月に設立。報道調査を専門にし、サイトで発表するとともに、掲載を受け入れたメディアに取材結果を無料で提供する。記者は三二人で、資産家の寄付によって支えられているという。

ピューリッツァー賞は二〇〇九年から、独自に紙面を発行しない組織の記事も審査対象としていた。

日本は米国と異なり、「資産家」の寄付は望みにくい。それでも、米国のメディア状況は、調査報道が〝売り物〟になる可能性を明確に示していると言えるだろう。

新聞中心のメディアグループへ——変化⑥ 共同販売会社の設立

次に販売システムを考えてみよう。全国紙の部数が一〇〇万部以下となれば、現行の販売店は相当減ることになる。そして将来的には、各新聞社が出資した新会社が一手に宅配を引き受けることになるだろう。だれが考えても、そのほうがすべての新聞社にとって効率的である。

それなのになぜ、できなかったのか。販売現場での熾烈な競争があったのは言うまでもない。だが、もう一つ要因がある。「記事が盗まれる」という感覚が新聞人には強烈に染みついていたのだ。

かつて、朝日、毎日、読売の東京本社社屋は有楽町に固まっていた。先輩からこんな話を聞いた。

「朝日や読売の朝刊を盗みたくて、輪転機のある印刷フロアに侵入したり、配送のトラックから一部、抜き取ろうとしたり、いろいろやってみたもんだ。もちろん、各社とも同じようなことをしていた。ロッキード事件のころ、毎日の記事がどうも事前に他紙に漏れているらしいとわかり〝犯人〟を探した。怪しい人間がいたが、証拠がつかめない。仕方なく、幹部が本人を呼び、それとなく脅したりして……」

どの業界でもそうだろうが、とりわけ新聞界における朝日、毎日、読売のライバル意識には凄まじいものがあった。いまはなくなったが、七〇年代までは「三社間での記者の引き抜きはしない」という紳士協定も存在した。

一九七七年、毎日新聞が事実上の倒産に追い込まれた折り、朝日新聞から「ウチに来ないか」と誘われた。全くその気はないので断ったが、話をもちかけてきた朝日の記者にこう言われた。「三社協定があるので引き抜くわけにはいかない。一年間だけ、関連会社に出向してもらう」

振り返ると、誘いに乗らなかった私自身、朝日に対し異様なほどのライバル心を抱いていたのかもしれない。

しかし、時代は変わり、先述したようにANY連合さえ誕生した。共同販売会社設立まではほんの一歩だろう。ただし、私はコストカットや合理化優先の発想に立っているわけではない。「盗まれようのない」記事で勝負すれば、途中で一部抜かれようが何の関係もない。つまり、紙面の〝質〟で勝負できれば、デリバリーシステムは合理性を追求すればいいと考えているのだ。「一歩早い」という無意味な特ダネは、すぐに後追いされてしまう。しかし、濃密な調査報道に基づく記事はその心配がない。ニュースの〝質〟の戦いになれば、「洗剤で勧誘」という悪弊も徐々に消えていくはずだ。

郵政民営化問題では「民営化の論理をつきつめれば僻地への配達ができなくなる」という批

判があった。発行部数が減ると、一部を配る労力が増し、いずれは「宅配が経営を圧迫する」こともありうる。その意味でも合同宅配はもはや不可避なのだ。

首都圏などでは、コンビニ利用も選択肢に入れるべきだ。通勤途中などにコンビニでピックアップできるようにする。「土日は除く」というオプションもつくっておく。もちろん、宅配に比べ購読料は低く設定する。

販売経費は新聞社によって異なるが、概ね売り上げの四分の一～三分の一だろう。ここを大胆に削れば、紙面の〝質〟を高めるための投資資金が生み出せるはずだ。

新聞は書籍や音楽CDとともに、定価販売を義務づける再販制度の対象商品に指定されている。遠くない将来、同制度そのものがなくなるだろう。それもまた、ジャーナリズムの質による競争へ転化するきっかけにするしかない。

販売システムを根底から変えると、現在の販売店には大打撃となる。その緩和策をとるのは新聞社の義務であることを付言しておく。

新聞中心のメディアグループへ――変化⑦　広告戦略

広告について触れたい。編集局と同様、広告局も新聞、テレビ、ネットを分離せず一本化する。従来のように、電通・博報堂に頼った広告戦略の時代はもう終わった。むしろ広告代理店的な仕事にも目を向けるべきだ。いまは各企業が広告代理店の協力を仰ぎ広告戦略を策定するケースが多い。これからは新聞社も企業へのアイディア出しに力を注ぐのである。

新聞、テレビ、ネットのほか、場合によっては雑誌や書籍も連動した広告を提案する。例えば――。

ある企業が新商品を開発したケースでは、次のような展開を企画提案する。

◎テレビ……新商品の利点を開発者が説明するCM
◎新聞　……開発者が説明した利点を図表やグラフを交えてわかりやすく解説
◎週刊誌……開発に至るまでのプロセスを人間ドラマ風な記事にする
◎ネット……週刊誌の記事を動画にして流す

新聞を柱としたグループ化のメリットは、広告集稿の面でも発揮されるはずだ。

また、社会企業やNPO・NGOとのタイアップ企画にも道を開いたほうがいい。一般企業や省庁とのタイアップはプロパガンダにつながる危険性が高く、長い目で見たら手を染めないほうが利口だ。第一章で触れたような「パブ広告」をやめるのは言うまでもない。しかし、社会貢献を目指す組織や団体との連携は積極的に進めるべきだ。意見広告も含め、「社会貢献広告」の特別料金を設定し、幅広く呼びかける。広告自体の利益は少なくても購読者が増える可能性があるし、何よりもイメージアップにつながる。

経営安定化の方策――商社との連携

ここまで述べてきたことを実践できれば、新聞はメディアの中心に座すことができる。だが、果たして企業として成り立つのか、つまり経営的には大丈夫なのかという疑問が起きるだろう。何しろ、部数は大きく減らすし、広告収入も激減する。サイトからの収益も当初は、そう多くは見込めない。

だが一方で、コストは相当に削減できる。ネットに比重を移すことで「印刷費・紙代」「販売費」が一〇〇億単位で浮くはずだ。全国紙では二〇〇〇人前後の記者を抱えているが、地方支局からの撤退を行えば将来的には半分に減らせるだろう。新聞社の三大コストである「製造費」「販売経費」「人件費」が削減されることにより、ざっくり言って売上げが一〇〇〇億円でも経営は成り立つはずだ。「低収入、低コスト」が新聞業界の特徴になる。

ただし、何度も言うが、リストラは回避しなくてはならない。そこで当面は厳しい経営を余儀なくされるだろう。

批判は覚悟のうえで、新生新聞社の経営安定に向けた、ある意味で非常識な提言をしたい（全国紙限定だが）。それは総合商社との提携だ。理由は二つある。

商社は時代に合わせて取り扱う商品の優先度を変えてきた。二一世紀はレアメタルなどの希少資源と「水」が順位を上げるだろう。そしてもう一つ、重要度を増す商品は「情報」である。

正直、具体的な方向性についてはわからない。ただ、たとえば二〇一〇年四月一六日付東京新聞朝刊には「住友商事が15日、ケーブルテレビ最大手ジュピターテレコム（ＪＣＯＭ）への株式公開買い付け（ＴＯＢ）成立を発表し、株式の40・5％（議決権ベース）を握る筆頭株主になることが固まった」という記事が載っている。「メディアを活用した流通強化を目指す住商」とあるように、総合商社が今後、メディアへの関心を強めることは確実だ。

商社が「情報」の商品化を図る場合、新聞社のもつ情報（蓄積されたデータ、写真を含む）と、取材能力に目をつけるだろうことは容易に想像がつく。伝統と実績をもつ新聞社は、いわば〝宝の山〟だ。しかも、取材だけではなく、結果、分析能力をもった人材を豊富に抱えているのである。

もう一点、新聞社と商社の連携は情報強者のドッキングという意味をもつ。

共同通信を除けば、日本メディアの海外特派員の人数は微々たるものだ。そこで海外で事件が発生したときは、商社の力を借りることが多い。

実際、私も社会部時代、何度か商社の現地事務所に電話をして情報をもらったことがある。場合によっては、外務省以上に情報をもっているのが商社なのだ。

一方、永田町や霞が関の情報に強いのは圧倒的に新聞社だ。商社からすれば、そうした情報は咽喉から手が出るほどにほしい。二つの業種がドッキングすれば間違いなくウィン・ウィンの関係になるだろう。

むろん、矛盾するが、現時点ではとても薦められない。新聞のジャーナリズム性が揺らいでいる中で商社と連携すれば、マネーゲームならぬ情報ゲームに堕す危険性が極めて高いからだ。

しかし、「言論・報道の自由はいかなることがあっても守り通す」という岩盤ができれば踏み切ってもいいのではないか、そう思うのだ。逆に言えば、そのくらいの意志と覚悟がなければ新聞新生は覚束ない。

エピローグ

『新聞が消えた日　2010年へのカウントダウン』（現代人文社、一九九八年）。こんな衝撃的タイトルの本がある。新聞労連がまとめ、一九九八年七月に発刊された。

私が委員長のときにプロジェクトが立ち上がり、約二年かけて、次の委員長時代に完成したものだ。序章「新聞最期の夜」を紹介する。

さっきまで轟音を発していた輪転機が止まると、印刷工場内は一転して静寂に包まれた。徹底した省人化で、広い工場の人影はまばらだ。

時計の針は午前三時を回っていた。最後の衆望新聞は、今ごろ発送ゲートを過ぎ、トラックに積み込まれているころだ。

輪転機の機長、伊藤司は、検紙後、無造作にごみ箱に捨てられた薄っぺらい新聞をいとおしむように拾い上げ、ゆっくりとページを開いた。

一面の右上を見ると「4万5000号」と印字されていた。

二〇一〇年八月一六日。衆望新聞は、創刊以来、一二〇年を超えて発行されてきた。だが、この日を最後に、衆望を刷ることは二度とない。

そう思うと、伊藤は、こみ上げる感情を抑えることができなかった。涙があふれ喜色満面の人気タレントのカラー写真がにじんだ。

しかし、感傷的になっているのは、定年を来年に控えたこの男だけだ。周りの若い従業員たちにとって、衆望新聞は、目まぐるしく新刊、廃刊を繰り返す他の印刷物と何の変りもない。

ましてや、利潤が薄く、印刷時間帯を制約される新聞など、さっさとなくなってしまえという空気だった。

この東秋工場が、衆望の別会社として稼働したのは、二〇年前だ。

当初は衆望新聞の増ページに次ぐ増ページで、建てページ（新聞の総ページ数）は最大四八ページにまで膨らんだ。他の印刷物は、あくまで新聞印刷の隙間を利用する程度でしかなかった。別会社とはいっても、あくまで衆望の印刷工場だったのだ。

伊藤にしても、衆望の社員のまま、他の先輩たちと同じく出向扱いの身分で本社から移ってきた。出向扱いなら労働組合も以前と変わらない衆望労組に属すことができた。

それが、世紀が移ってしばらくすると、分厚かった新聞がタマネギの皮を剥ぐように薄くなりはじめた。

マルチメディアの普及で広告を奪われ、合わせたかのように原料パルプの高騰で紙価が跳ね上がった。双方とも前世紀終りのインターネットブームや自然破壊への警鐘を直視していれば、容易に予測できたはずだった。

しかし、衆望をはじめ、日本の新聞は長期的展望を持てず、円高による安価な輸入パルプやだぶつく古紙市場にあぐらをかき、漫然と世紀をまたいでしまった。

その間、各新聞社は再販の廃止と景品規制緩和により企業間の部数競争に明け暮れた。

衆望の経営者にしても、最大の悩みは、ライバル紙の日刊楽土がばらまく高額の景品にどう対抗するかということぐらいであった。

広告のクライアントは、勃興してきたマルチメディアの媒体力が新聞を上回るとみるや、躊躇なく紙面から広告を引き上げた。高価な紙を広告なしで使うほどの余力は、値引きと景品で内部保留を吐き出してしまった衆望にはなかった。

恐れていたように、ページ数の減少は、次第に購読部数減となって、さらに経営の首を絞めた。

紙面刷新などの積極的な対抗策は、経費がかかることを理由に、ことごとくつぶされた。

代わって断行されたのは、限度を超えたリストラだった。

新入社員の採用は見送られ、定年前の中高年者には、肩たたきが始まった。

伊藤に対しても、退社するか、それとも、現在の職場である子会社に転籍するかの二者択一が迫られた。

出向してきた先輩たちの多くは、早期退職の優遇制度によるわずかな上積みを受け取り、職場を去った。

伊藤は悩んだ。まだ五〇代半ば、退職金だけで暮らしていけるほどのゆとりはない。年金の受給年齢は七〇歳まで引き上げられていた。

といって、今さら、新しい仕事をする気にもなれない。出向組の中で、ただ一人、転籍の道を選んだ。

賃金は三割ダウン。少人数ゆえの過密労働、休日の少なさなど、労働条件は雲泥の差だった。

だからといって、愚痴をこぼしたくても周りに衆望時代を知る者はだれもおらず、子会社の工場には労働組合もなかった。

入社以来、衆望新聞をつくっているというプライドもあったし、愛着もあった。

しかし、会社が強引なリストラや印刷部門の別会社化を進めるようになって、紙面の質は目立って低下してきた。かつては一面に有名人のゴシップ記事などが大きく掲載されることはなかったが、ここ数年は派手な見出し、どぎついカラー写真が連日のように踊っていた。

再販撤廃で宅配制度が遠隔地からじわじわと崩れ、販売の主流は駅などの即売に移っていた。

衆望も、スポーツ紙や夕刊紙のように、一面がどれだけ目を引くかが、その日の売上げを大きく左右した。

社会面にしても、深く掘り下げた企画記事は影をひそめ、暴露的な特ダネか、発表ものをそのまま引き写したようなお手軽な記事が並んでいた。

人手をかけない編集作業の当然の帰結であったが、記者への特ダネの強要や取材不足の思い込み記事は、しばしば、誤報や人権侵害を犯し、裁判に訴えられることも少なくなかった。

どの新聞社も、誤って犯人扱いした市民から苦情を言われても、「警察がそう見ていたから」などと責任を転嫁し、謝罪や訂正記事の掲載になかなか応じようとしなかった。

前世紀終りに起こった一連の犯罪では、報道被害が社会問題化し、マスコミの信用を著しく失墜させた。

新聞労連は、新聞発行に携わる者としての規範を定めた「新聞人の良心宣言」を提起する一方、新聞産業として、報道被害を救済する機関づくりを強く呼びかけたが、経営者団体の日本新聞協会の及び腰で、世紀を超えても実現しなかった。

だが、二一世紀に入って、新聞の報道被害は、それほど大きな問題にならなくなった。

被害が減ったわけでも、業界の対応が整備されたわけでもなかったが、前世紀のように被害者から強硬なクレームがこなくなった。

テレビでさえ旧世代のマスコミになった現在、新聞を手にとったこともない人の方が多かった。皮肉なことに、報道被害が問題にならないのは、新聞がマスメディアとしての影響力を失ったことが最大の原因だった。

すでに九七年時点の日本新聞協会の信頼度調査で、新聞の信頼度は四〇点しかなかった。なかでも、人権配慮に至っては二〇点しかなかったことを思えば自然の成り行きでもあった。その後、今世紀にはついにマイナスになった。

「新聞なんて、つまんないし、読むだけ時間のムダよ」

衆望の一字をもらって「望」と名付けさえした伊藤の娘まで、新聞を手に取ろうとさえしなかった。

さらに、新聞拡張員が、値引きと景品で強引に勧誘する昔ながらの販売法が、とことん新聞のイメージを悪化させた。

新聞離れは目を覆うばかりに進み、経営難だった新聞がまず姿を消した。

新聞社の倒産は、前世紀には、まだニュースになったが、二一世紀に入ってからは、大手紙、地方紙の廃刊が続出したにもかかわらず話題にもならなくなっていた。

衆望にとって最後の頼みの綱は九〇年代に登場したマルチメディアによる電子新聞だ。急速なパソコン普及とインターネット加入の増大にともなって、全国紙、地方紙ともパソコン通信やインターネットを利用した情報サービスを相次いで始めた。

しかし、そこそこ読まれたのは、無料だったころまでで、有料化した途端、特定のビジネス情報などを除き、ヒット数は急減した。紙の時代に、もっとも新聞離れが進んでいた若者層がパソコンユーザーの中核を占めたこともたたった。

ディスプレイを文字や写真で埋める新聞スタイルは、まるで人気がなかった。インパクトのある動画とサウンドを重ねたニュースにでもしなければ、ビジュアルなれした「新世紀人」の目を引けなかった。

新たなニーズに新聞社が応えようとすれば、自ずから、取材体制から制作に至るまで膨大な設備投資が必要だった。衆望のどこを探したって、そんな資金があるはずもなかった。

そこへ誘いをかけてきたのが、ビッグアップルだった。

世界のコンピュータソフトを席巻したマイクロアップル社をトップに日本の大手電器メーカー、総合商社などが資本参加した巨大なマルチメディアグループだ。

衆望は新たな設備投資をほとんどすることなく、ビッグアップルに記事を流せばよかった。

ユーザーは、映画鑑賞やホームショッピングの合間に、マウスを「衆望ライン」に合わせてクリックすれば、衆望新聞に目を通すことができた。

ビッグアップル側の要求は、ユーザー末端の売り込みに、衆望の販売店を転用することだった。

高いシェアを有する販売店を使えば、自社の末端を独占的に普及させることも夢ではない。

販売店にしても、新聞離れで傾きかけていた経営を立て直すことができる。毎朝夕の配達要員の確保に頭を悩ます必要もなくなる。

すでに日刊楽土は、カム・コーポレーションの傘下に入って、端末の売り込みに血道を上げていた。

衆望は、二〇〇五年、ビッグアップルへの参入を決定した。労組も「このままでは倒産しかない」と言われ、渋々提案をのんだ。

全国五本社の印刷、発送部門は、すべて閉鎖され、紙の衆望新聞は、東秋など三カ所の別会社で、細々と刷られることになっていった。

端末の普及にともなって、再販撤廃後、地方から減少していった新聞の宅配は一気に姿を消した。

もはや、駅の売店かコンビニでしか新聞を手に入れることは困難になった。

これで紙の新聞の息の根は完全に止まった。別会社での印刷も二年後には東秋だけとなった。

そしてついに、最期の日がきた。

ようやく、ビル群の輪郭がぼんやりと明るくなりかけたころ、伊藤は重い足を引きずるように家路についた。仮眠所では一睡もできず、頭はもうろうとしていた。しかし、その手から涙でぐしゃぐしゃになった衆望新聞を決して手放そうとはしなかった。

この本が生まれてから一二年。私たちが危惧していた通り、新聞のビジネスモデルは崩壊した。だが、一方で、インターネット社会進展の中で、「信頼できる」「ジャーナリズム性をもった」メディアへの期待が否応なく高まっている。

新聞通信調査会が二〇一〇年一月に発表した各メディアの信頼度調査によれば、「全面的に信頼している」を一〇〇点とすると、ＮＨＫテレビ七三・五点、新聞七〇・九点、民放テレビ六三・六点、インターネット五八・二点となっている。これだけ批判を受けつつも一〇人に七人は新聞を信頼しているのだ。

紙媒体としての新聞は縮小する。しかし、コンテンツ企業としての新聞社は、二一世紀に、過去にない輝きをみせるはずだ。そのためにも一刻も早く目覚めてほしい。ジャーナリズム魂を呼び醒ましてほしい。

＊プロフィール＊
北村 肇（きたむら・はじめ）
1952年、東京生まれ。「週刊金曜日」編集長。
74年毎日新聞社入社、社会部デスク、
「サンデー毎日」編集長、社長室委員などを経て、
04年1月退職、同2月より現職。
95年8月から2年間、新聞労連委員長を務め、
「新聞人の良心宣言」をまとめる。
＊主な著書＊
『新聞記事が「わかる」技術』（講談社現代新書、2003年）、『腐敗したメディア』（現代人文社、1996年）、『新聞記者をやめたくなったときの本』（現代人文社、2001年）、『なぜかモテる親父の技術』（KKベストセラーズ新書、2007年）など

新聞新生《しんぶんしんせい》
ネットメディア時代《じだい》のナビゲーター

2010年6月14日　第1版第1刷

著　者　北村　肇
発行人　成澤壽信
編集人　木村暢恵
発行所　株式会社 現代人文社
〒160-0004 東京都新宿区四谷2-10八ッ橋ビル7階
振替　00130-3-52366
電話　03-5379-0307（代表）
FAX　03-5379-5388
E-Mail　henshu@genjin.jp（編集）／hanbai@genjin.jp（販売）
Web　http://www.genjin.jp
発売所　株式会社 大学図書
印刷所　株式会社 平河工業社
装　丁　加藤英一郎

検印省略　PRINTED IN JAPAN　ISBN978-4-87798-448-9　C0036